森きみの
毎日の家事が楽しくなる
シンプル暮らし

森 貴美子

Kimiko Mori

PARCO出版

はじめに

Prologue

どうやって家の中を整えようか、快適に過ごせる空間にしようか、考え始めたのは30歳くらいからでした。

旅行へ出かけたり、ピクニックなど外で過ごす時間は今もあいかわらず好きですが、洗濯物が揺れるのを眺めながらリビングでのんびりとお茶を飲んだり、娘とおままごとをして遊んだり絵を描いたり、友人を招いてホームパーティをしたりと、家の中で過ごす時間もとても大切になり、それは家が以前より心地良い空間になってきたからなのかなと思います。

居心地の良い空間づくりは、掃除をすること、片付けをすること、好きなモノを選ぶこと、それを大切に扱うこと、時には捨てたり譲ったりすること……。人によってさまざまかと思いますが、毎日続いていく「家事」が楽しくやりがいのあることであり、その延長線上に居心地の良い暮らしがあればいいな、と思います。

家事の仕方や毎日の暮らし方は十人十色。正解があるようなないような、そして人と違うからこそのおもしろさもあるもの。

森きみ流の暮らし方や考え方を書かせていただいたので、クスリと笑ったり、えー！　と驚いたり、読んでくださった方にとって、ちょっとでも楽しく家事をするためのヒントになれば幸いです。

Contents

第3章 片付けを楽しむということ

Enjoy tidying

第4章 子どもと暮らすということ

Living with a child

第5章　日々の暮らしを楽しむということ

Daily living

第1章

シンプルに暮らすということ

Simply living

Simple method

01

どんなモノを選ぶにも 無敵の白

「家をイチから自分たちの好きなように建てる」という計画を進めていた3年前。夫とは間取りから窓の数、棚の位置ひとつに至るまで意見の違いがあり、ふたりの理想の折り合いをつけるのがそれはそれは大変で、何度もぶつかり合いました。

そんな中でもひとつだけ、ピタリと意見が合ったことがあります。それは、色はとにかく「白」ということ。

外壁や壁紙、部屋の扉、キッチン、洗面所、三和土《たたき》、お風呂など、フローリングや屋根を除いて、色を選べる場所はすべて「白色」で統一しました。それも「オフホワイト」や「アイボリー」などの中途半端な白っぽさではなく、さらしの白に近いほどの潔い白に。

色の中で白色だけが持つ特別なシンプルさが好きなこともあったけれど、白色は膨張色でもあるので、空間を少しでも広々と見せたかったのも理由のひとつでした。

そして、最大の利点は「白は汚れが目立つから」。

ソファもクッションもブラインドもぜんぶ白に揃えています。

この発言には打ち合わせ相手の建設業者さんも驚いていて「汚れが目立ちやすいので、避けられる方も多いのですが……」と、やんわりストップをかけられたりもしました。

たしかに、白は茶色やグレー、黒に比べて圧倒的に汚れが目立ちます。だからこそ！　良いのです。

「汚れが目立つ＝汚れているのがすぐわかる」ことで、その汚れが定着する前に掃除をしようという気持ちになります。

たとえば、真っ白なサッシにほこりがついていたら「みっともないから拭き取らなきゃ」という気持ちになりやすいし、白いドアに手《て》垢《あか》がついていると、手を洗っていても手垢ってつくのね……なんてしみじみしながら「キレイにしなきゃ」と布でキュッキュッとすぐに行動できるのです。

玄関は土ぼこりが舞いやすい場所なので、三和土が白だとすぐに汚れているのがわかります。毎日玄関をキレイにしたいと思えるきっかけにもなります。

それが、汚れが目立ちづらい茶色やグレー、黒色だったとしたら、汚れが本格化するまで気づかないなんてこともあるかも⁉

汚れたままで使い続けるより、ちょこちょこ手入れをしながら使っていたほうが、家だけじゃなくモノも長持ちする気がするのです。

そんなこともあり、家で使うものを選ぶときは、できる限り「白」を選ぶようにしています。家電も白、食器も白、リネン類も白。

ちなみにわが家の車が白なのも、塗装が長持ちするのに傷も目立ちにくく、黒系の車に比べて事故率が低いことなど安全面を考慮して、購入に至りました。

黒系の外車もかっこいいな〜と思うのですが、ついつい実用性を考えてエコで燃費の良い国産車を選んでしまうのも、身の丈に合ったモノをいつも探し求めている自分らしいなぁと思っています（笑）。

リネン類はブランドにはこだわらず、セール時期にまとめ買いを。

Simple method

02

食器は最小限に

わが家にはお客様用の食器というものがないため、食器の数はごく限られています。

日常生活で使っているものは、家にある食器の中で一番大切なものなので、わが家の「とっておき」です。とっておきを「とっておく」のは、モノの役目として本末転倒なので、とっておきのお皿を普段から大切に扱いながら、大切なお客様がいらしたときにも使っていただいています。

食器のバリエーションをもう少し増やしたいなとも思うのですが、「増やしてしまうと、出し入れが大変じゃない？」という夫の意見もごもっともなので、今のところ、食器棚の使用スペースは7割ほどにとどまっています。

とは言え、いつか「フルーツやヨーグルト用にガラスの器を買い足したいな」「焼き魚用の和食器も欲しいな」と目論んでいます。

やみくもに買い足してしまっては、余裕があった食器棚もすぐにパ

洗った器は一番下にしまって、まんべんなくローテーションさせています。

ンパンになってしまいそうなので、もう使っていなかったり、出番の少ない食器を見直して、数を減らしてから買い足そうと計画しています。

お皿もそうですが、調理道具や保存容器も種類を揃《そろ》えて、重ねて収納できたり、スタッキングできるものを選んでいます。

ボウルとザルは「柳宗理」のもの。品の良いステンレス素材と、縁は薄いのに外に二重に折り込まれているために掴《つか》みやすく、サイズ違いを重ねた姿が美しいのも惚《ほ》れ込んだポイントのひとつです。

ザルは同じサイズのボウルと重ねて使うことができ、目詰まりしづらく洗いやすいので、手つきと手なしの両方をサイズ違いで揃えています。

フライパンは「212KITCHEN」のオリジナル。テフロン加工がしてあるものは、1年から2年で替えたほうが良いと料理上手な友人から聞き、手頃な価格で持ちやすく、かつデザインがシンプルなこちらに決めました。

保存容器は「野田琺瑯《ホーロー》」のホワイトシリーズを愛用しています。下ごしらえ、調理、保存もできる万能アイテムで、琺瑯なので、料理をお鍋に移さずに直火にかけることもでき、洗い物も減らせます。

何と言っても見た目が美しいので、冷蔵庫の中で重ねておいてもすっきり見え、そのままお皿としても出せるという優れものなので、こちらもいろいろな形やサイズを揃えています。

食器も調理道具も数は少ないほうですが、使い勝手や収納のしやすさ、壊れても買い足せる価格で定番品かどうか。そして何より、心から気に入っていて使い続けたいものをかどうかをじっくり吟味した上でのモノ選びを心がけています。

常備菜を入れた琺瑯は容器のまま温めても。好きで買った調理道具や器は洗い物も苦になりません。

Simple method

03

シンプルな白い器が好きです

好みの素材やデザインも言い出したらきりがないけれど、好きな色は至極シンプルな「白」。

和食器は絵柄がついていたり漆塗や味のある焼き物を選んだりもしますが、基本は「白の食器」で揃えています。

わが家には遊びに来てくださるお客様も多いのですが、お客様用という特別な食器はなく、すべて普段から愛用しているものでおもてなしをしています。

おもてなしと言ってもテーブルコーディネートはおろか、料理の盛り付けセンスもない私。でも、シンプルな白の食器は、料理を美しく見せてくれる上にナチュラルな木目のテーブルにも合うので、とても重宝しています。

色とりどりの食器をセンスよく取り揃えたり、作家さんの1点モノを少しずつ集めたりするのも素敵で憧れてしまいますが、いつでもどこでも買えるロングセラーの食器を揃えるのが私流。

イッタラ、ロイヤルコペンハーゲン、マークニューソン、セラミックジャパンなどがお気に入り。

不注意で割ったり欠いたりしてしまっても、同じものをすぐに買い足せる安心感が、おもてなしの食器として気兼ねなく出せる理由のひとつかもしれません。

Simple
method
—
04

わが家は毎日
ふきんをたくさん使います

洗って水切りかごに移動した食器やお鍋などを片っ端から拭いていると、ふきんなんてすぐに濡れてしまうもの。湿ったままのふきんで拭き続けたくないので、ちょっと湿ってきたかな⁉　という頃合いを見ては、すぐに新しいふきんに交換しています。

まっさらなふきんを惜しみなく使うと、水切りかごの上はいつもすっきりしているし、水滴もすぐに乾くのでお皿拭きのスピードアップが望める気がしています（ほんの少しだけだけど。笑）。

そして、毎日漂白剤に浸けてから煮沸《しゃふつ》をして、洗濯機で洗うことも習慣になっています。その工程を始めると、夫に「いつもの趣味の時間が始まったね〜」とつっこまれるのですが、いつでもとびきりキレイな状態でふきんを使いたいゆえの、どうしてもやめられない毎日の習慣なのです。

うちにはふきんが3種類あって
1. 食事中に娘の口の周りや手を拭くふきん
2. 洗い物を拭くふきん

窓ガラスの前で日光浴。ふきん立てはキッチンの採寸をしてぴったりのものを購入。

3. テーブルなどを拭く台ふきん
と分けているのですが、番号順に漂白→煮沸をして、最後は手拭き用のタオルと一緒に洗濯機で洗います。

ちょっと手間はかかるけれど、漂白や煮沸をしている間に他の家事はできるし、どっさりと洗い上げた真っ白なふきんたちをベランダに干すのは、とても気分爽快!! 趣味というか、ストレス解消法のひとつなのかもしれません。

煮沸や洗濯のときにやわやわな生地だとほつれやすくなってしまうので、なるべく厚手のふきんを選ぶようにしています。

Simple
method
05

心が癒される
植物のある暮らし

わが家のリビングには、観葉植物が4つあります。

大きなものが3つ、小さなものがひとつあり、リビングに彩りと癒しをもたらしてくれています。

中でも一番の古株が、夫から初めてのホワイトデイのプレゼントでもらった、通称「ヨネスケ」。一度枯れかけたにもかかわらず、今は別人かと思うほど力強く幹が伸び、葉を青々とさせながら、元気いっぱいにリビングに鎮座しています。

そして、結婚のお祝いでいただいた「ネムノキ」と、これまた夫から30歳の誕生日にもらった、“星の葉”と呼ばれている「シェフレラ・アクティノフィラ」という名前の植物。さらに、わりと最近仲間入りをしたのは、夫が一目《ひとめ》惚《ぼ》れをして買った、小さな「エアープランツ」です。

私たち夫婦は揃って樹木や草花が好きなので、季節がめぐるたびに自然豊かな場所に出かけたくなります。でも、仕事が忙しかったり

左がヨネスケ。右がシェフレラ。育ち具合を見て、日当たりのいい場所に移動させます。

子どもの予定や体調を優先するとなると、なかなかそう頻繁に遠出することは叶《かな》いません。

そんな忙しく余裕のない日が続いたときは、紅茶を飲みながら、本を読みながら、ソファに寝っころがりながら、部屋の植物になごみ、癒されています。

植物同士は見えないところで繋《つな》がっていると聞くので、部屋の中の植物が、私たちと他の植物との縁を繋いでくれることを期待しながら……。

わが家の植物たちは心を満たしてくれる、大切な存在です。

Simple method

06

何かを手にするには何かをあきらめることも大事

「1日の時間が足りなさすぎる」と、誰しも1度は思ったことがあるかと思います。

20代のころは仕事に明け暮れつつも、適度に自由な時間はあったので、趣味である山登りに出かけたり、友人とお茶しながらおしゃべりしたり、部屋でふ〜っとごろりとすることも、もちろんあったり。それでも、1日48時間あったらどれほど良いことかと、貪欲《どんよく》なほど時間を必要としていました。

しかし、子どもが生まれてからの1日は、さらにあっという間に過ぎて、ごろりとするどころか、その日の家事すら終わらないことも。掃除も洗濯もすべて中途半端で、夕食はレンチン or デリバリーという日もあり、このままでは自分の時間どころか、家事すらままらなくなるかもとの危機におびえ、どうにかして時間を捻出《ねんしゅつ》しなければ、と1日の生活を見直してみました。

すると、時間泥棒の原因がすぐに発覚。それは「テレビ」と「SNS」という、かなり身近なものでした。身近すぎるゆえにふとした瞬間、ぐっと心と時間を持っていかれやすいもの。

テレビを観ながら洗濯物をたたんでいると必ず手が止まってしまうし、掃除や食事の後片付けをしているときにテレビに気をとられてしまうと、なかなか進まない。テレビを観ながらの「ながら」は、自分には向いていないことがわかりました。

それからは、ニュースだけは「この番組の15分だけ観る」と決めて、あとはどうしても観たい番組だけを録画するようにしています。その録画も観ずに消去！　というケースもよくあるので、自分にとって「必要なもの」「不必要なもの」の見極めをすることはとても重要なのだとしみじみ。

SNSも律儀（？）な自分の性格が仇《あだ》となって、最後まで読んだら「いいね！」を押したり、コメントしなきゃと思うと、意外と時間は過ぎているもので……。楽しむために始めたつもりが「〜したい」じゃなくて「〜しなきゃ」になってしまい、これじゃ本末転倒と、今は移動時間や待ち時間などに「2日前の投稿まで読む」と決めて、10日に1度SNSを開く程度です。

それでも仲の良い友人はいつまでも続いているし、テレビだって観なくても生きていけるもの。流行《はや》りの芸人さんのギャグで話が盛り上がるときは「?」となることもあるけれど、「それなに〜？　いま流行ってるの⁉」と聞くと、みんなが親切に教えてくれます。

自分が手にしたいもののために、何かをあきらめるのは必要なこと。ワイドショーや芸能ネタ系には疎くなってしまったけれど、ほんの少しの時間を手に入れられることのほうが、私にとっては何よりも大切なのです。

Simple method

07

ラジオ体操で 1日のリズムをつくります

私は昔から、夜遅くまで起きていることが苦手でした。

学生のころに友だちと開催したお泊まり会や修学旅行などのイベントでも、夜も更けてこれから楽しいおしゃべりの始まり♡という時間には決まって眠くなってしまうせいで、秘密の恋愛トークを聞き逃してしまったり（笑）、テスト期間中も一夜漬けするのは不可能なので、早朝に起きてから最後の追い込みをしていました。

そして、モデルを始めた17歳。撮影の日は集合時間が朝早いことが多く、おまけに編集部まで通勤に1時間半かかる横浜住まいだったので、ほぼ毎日が4時か5時台の早起きの連続。しかしそれがまったく苦ではなくて、朝早いほうが今までの生活リズムともピッタリ合い、ちょうど良かったのです。

がむしゃらに仕事をしていた20代でしたが、子どもが生まれ、少し落ち着いた今も、夜よりも朝のほうが断然得意。子どもが寝てからあれこれやりたいことはあるけれど、眠い頭のままでやろうとすると効率も良くないので、ここは思い切ってと、子どもと一緒に寝てしまいます。

翌朝。家族の中で一番最初に起きて、まだ温かい布団の上で（冬はこれが最高！）着替えをして、広々と洗面所を使ってメイク。洗面所を使う時間が重なってしまうと互いにピリピリしてしまうこともあるので、家族が起きる前に済ませるようにしています。

そしてリビングで花瓶のお花を整えて、お湯を沸かしながらメールの返信。夜寝る前にメール（特に仕事関係）を見てしまうと、そのことが頭に絡みついて眠りが浅くなってしまうこともあるので、夜よりも前向きで正確な判断ができる朝に、返信をするように心がけています。

夜だと際限なく時間がある気がしてしまって、眠たいのも手伝ってダラダラとしてしまいがちな私。逆に家族が起きてくる前の限られた時間しかない朝は、集中力が命！

どのくらい機敏に動けるかが肝になるので、朝食の準備をしながら頭を使って体を動かすのは、1日を始めるのに良いウォーミングアップになります。ウォーミングアップと言えば、Eテレで6時半頃に放送される「ラジオ体操」をやるのも日課のひとつ。

ラジオ体操「第1」か「第2」、その日によって放映される体操は違うのですが、どちらも体をしっかり動かそうと頑張っていると、情けないことにかなりの疲労感が……。でも、体のすみずみが気持ちよく伸びるので、いつのまにか、「これをやらないと1日が始まらないわ」なんて思うほどに（笑）。

Simple method

—

08

モノ選びの基準はシンプルかどうか

色とりどりの雑貨をセンス良く飾ったり、海外で見つけてきたものをコレクションとして品良く並べたり……。友人知人宅にお邪魔したときに、家具やカーテン、食器などを見ては「なんて素敵でおしゃれなお家なの！」と、ため息まじりで目をハートにすることがよくあります。

仕事柄、スタイリストさんやファッション、デザイン関係のお仕事をされている方のお宅へお招きいただくことも多いのですが、家の中までとても素敵にスタイリングされていて、ソファに置いてあるクッションにしろ、玄関の横に飾ってある写真立てやお花にしろ、あらゆるもののバランスが絶妙で、おしゃれかつ力が入りすぎていない心地良さがあるのです。

実家を出て一人暮らしを始めたときに、自分の好きな家具や雑貨だけを集めて自分の思いのままの部屋づくりを試みたのですが、何だかごちゃごちゃとしてまとまりがない。黄色やピンク、紫色が好きだったせいか、全体がチカチカしている。

好きなものだけをやたらめったら集めているだけでは、おしゃれで居心地の良い空間からはほど遠いのだと身をもって知りました。

「じゃあ、どうしたら良いの」「センスのない私は一生おしゃれな空間では暮らせないの⁉」と、おしゃれ迷子になりかけたときに、夫と知り合い、結婚して一緒に暮らし始めることになりました。

カメラマンである夫も、自分のセンスに自信があるわけでもなさそうでしたが、モノ選びの基準は「シンプルかどうか」の１点だけを大事にしているというのです。

以来、センスにあまり自信がない私たちは、「とにかくシンプルなものを選ぶことが最大の武器！」と豪語することにして、センスのなさを逆手に取りシンプルを追求することで、自分もこんな素敵な部屋に‼　と憧れていたような、すっきりとした空間をつくることに成功したのです。

形も色もシンプルなものを選ぶことで、全体が整いすっきりとして不思議とそれがおしゃれに見える。

夫が教えてくれた、シンプルの魔法です。

第2章

★

掃除を
楽しむということ

—

Enjoy
cleaning

Simple method

09

掃除を念頭に家具を配置してみましょう

一人暮らしをしているときは、ずばり「床生活」が基本でした。

フローリングに絨毯《じゅうたん》を敷いて、その上にローテーブル。ソファはあったけれど、シートの部分を背もたれにしていただけ。

床に雑誌を積み上げ、いつもの定位置から手が届く場所にかごを置いて、それを引っ張るとモノが取れるようにしたりと、いったん床に座ってしまうと動くことが億劫《おっくう》なので、ゴロゴロできる範囲にモノを置いていました。

そんな「床族」の私が変わったのは、夫との結婚生活が始まってから。

「床はモノを置く場所じゃないよ。床は掃除機の通り道なんだよ!!!???」と一喝され、しぶしぶ夫の指示どおりに家具やモノを配置してみたところ、掃除がしやすいこと、しやすいこと!!

掃除機をかけるたびに動かしていた床のモノがないというだけで、

こんなにも掃除がしやすいのだと30年（当時）生きてて初めて知った瞬間でした。

それからは床に直接モノを置くことをきっぱりやめ、やむを得ないゴミ箱や観用植物の台や収納ケースなどは足付きにして、掃除機をかけるときはすい〜と動かしています。ソファも掃除がしやすいよう、ひとりでも動かせる重量のものを選びました。

床に傷がつくのを防ぐためのシールも滑りが良くなり家具も動かしやすくなるので、キャスターがつけられない場合は、こういったアイテムを使うのも便利だと思います。

掃除機の入れないバスルームも例外ではなく、シャンプーや石けん受けなどはラックへきちんと収め、洗面器やバスチェアなども端っこにまとめて立てかけておくだけで、ブラシをかけやすいバスルームになり掃除も楽チンです。

そして、当たり前のことですが、床にモノがないと見た目もとてもすっきり！

全体がすっきりしていると乱れている場所が目につきやすいので、整えるべき場所も一目瞭然。掃除をするたびにヨイショと動かすモノがないことはストレスがなく、ぞうきんがけもちょっとした合間にできてしまいます。

掃除をすることを念頭に家具を選んだり配置をすることは、シンプルで心地良い家づくりへの第1歩！　です。

Simple method — 10

掃除を習慣にすると大掃除いらず

昔からなぜか掃除は好きでした。

片付けは苦手だと思っているのに、なんで掃除が好きなのかを考えてみると、そのきっかけはさかのぼること小学校時代。

当時の担任の先生から、クラスメイトのひとりひとりに「○○だと思う人」というアンケートをとって発表しましょうとの提案がありました。

その「○○」の中には「明るい」とか「絵が上手」とか「足が速い」という小学生なら誰もが憧れる称号が入るのを期待していたのですが、私がクラスメイトからもらった「○○だと思う人」は「ちゃんと掃除をやっている人」や「いつも清潔感のある人」という、今思うとなんとも地味なものでした(笑)。

何か特技があったり、リーダーシップを取れるタイプからはほど遠かったので、自分なりに妙に納得のアンケート結果。むしろクラスメイトが自分のことをそう評価してくれたことが嬉《うれ》しくて、みんなが避けがちなぞうきんがけを積極的にやったり、身だしなみもそれまで以上に気をつけたり、日曜日の夜にはハンカチやナフキンのアイロンがけを一生懸命励んだりするようになりました。

そんなこんなで掃除だけは昔から好きで、今も毎日の習慣になっています。掃除を習慣にしていると、いつも気分が良く、頭がクリアになる、急な来客があっても焦らない、大掃除をしなくて済むと、良いこと尽くし。

モノを使ったら元ある場所に戻すように、汚れが目についたらすぐにキレイにして元の状態に戻す、ただそれだけ。

洗面所も使うたびにさっと拭いておけば、水回りの掃除を億劫に思わなくなる。トイレも使うたびに拭くようにしているので、3歳の娘も用を足した後は「おそうじ、するね！」とイキイキしながらお手伝いしてくれます。

気になったところを後回しにすると、それが「チリも積もって」になり、汚れも増してしまい、結局キレイにするのに倍の時間を取られてしまうので、私は日常の生活の流れのひとつのように、自然に掃除をすることを心がけています。

後でまとめてやるほうが大変なので、先回りしてちょこちょこやっておく……。もしかしたら、究極の面倒くさがりなのかもしれません。

Simple
method

11

トイレ掃除は
朝イチていねいに

「使うたびにトイレを掃除する」ことを心がけていますが、ブラシを使って便器をキレイに磨き上げるのは1日1回。朝起きて身支度をしてから、トイレ掃除をしています。

トイレは家の中で一番「嫌なことを引き受けてくれている場所」なので、心の中で「いつもありがとう」の気持ちを伝えながらキュッキュッキュッ。

私は右利きなのですが、トイレ掃除は利き手と逆の左手でするのがマイルール。それを始めたきっかけは、ちょっと忘れてしまったのですが、同じ場所を毎日掃除して慣れてくるうちに、パパパッと勢いに任せて済ませてしまうこともあります。

それが、利き手と逆の手だと意識を集中させなければならないので、細かい部分やいつも拭きそびれてしまう場所も、ていねいに仕上げられるという利点があります。

また、あくまでも私の感覚ですが、いつも使っている反対側の手を

お花を飾ればより居心地の良い空間に。トイレには家の個性が出ます。

使うと脳が活性化され、集中力がアップする気もしています。

トイレ掃除は利き手と逆の手でできることのひとつなので、普段出番の少ない左手の活躍する良い機会とばかりに、少しもどかしさもありつつですが左手でていねいに仕上げています。

Simple method

12

お風呂の排水溝掃除は美肌効果も!?

家の中で一番掃除をするのが好きな場所は、ズバリお風呂です。20代のころは「しずかちゃん」(ドラえもんの)とあだ名がつけられるほど、暇さえあればお風呂に入っていました。

40度ちょっとのお湯を張り、半身浴で顔からダーッと大粒の汗をかいてスッキリすることが何よりのストレス解消法で、子どもが生まれるまではよく長風呂を楽しんでいたものです。

……そういえば娘を出産した日の午前中も、生まれてきたらゆっくりお風呂に入れるのも当分先だなと思い、陣痛の予感をやんわり感じながらお風呂で半身浴をしていました。

好きな時間を過ごせる場所を一番キレイにしたいと思うのは当然のことで、掃除好きの身としては、夫の「風呂掃除しようか?」とのありがたい申し出をやんわり断ってでもやりたいのが、お風呂場の掃除なのです。基本的に、お風呂掃除は1日に1回やります。

家族全員がお風呂から上がったら、残り湯が温かいうちにスポンジ

美肌効果と聞くといろいろ試したくなります。肌の白さを褒められるとうれしくなります。

で浴槽の内側を軽くこすりながらお湯を抜きます。そして鏡や風呂桶や椅子、娘が遊んだおもちゃ、石けんカスなどを水でサーッと洗い流し、排水溝に溜まった髪の毛などを捨てて終了。余裕があるときは、スクイジーで水滴を集めて水切りもします。

そんな感じで、毎日やっている（5分程度ですが）お風呂掃除ですが、週に1回は時間をかけて徹底的に掃除します。掃除道具は、毎日使っているスポンジのほか、4種類のブラシを準備。最初はお風呂用洗剤を使って、洗い場の床をわりとハードな毛先のブラシでゴシゴシ。壁と床の間のゴムの場所は、柔らかい毛のブラシでやさしく。

そして、なんといっても大好きな場所が排水溝です。毎日、髪の毛は取っているものの、石けんカスのぬめりなどで1週間経《た》つと嫌〜な感じで汚れているもの。そんな排水溝は、どんなカーブにでも対応できる優秀ブラシと、これまた細かい場所まで届いてくれる使い終わった歯ブラシという最強コンビで、キレイに仕上げていきます。

排水溝の掃除は溜めてしまえばしまうほど、億劫になってしまうもの。私も一人暮らしのころはそうで、月に1、2度「えいっ!」と意を決して覗《のぞ》くのが精いっぱいでした。

そんな若かりしころ、友人とお茶をしていたときに出てきたのが「排水溝の掃除って、風水的にすごく良いらしいよ！　美肌にもなるらしいよ〜」という話題でした。

熱く排水溝掃除を語っていたその友人はとても美肌だったので、当時、吹出物に悩んでいた私は、藁《わら》をもつかむ思いで「風水的に良いならやってみようかな……」と定期的に排水溝掃除を始めたところ、キレイになったときの達成感と爽快感のトリコになってしまったわけです。おまけに肌の悩みも解決した気も（もしや風水効果⁉）。

トイレと同じように、お風呂も私たちの汚れを引き受けてくれるありがたい場所で、夏は汗でベトベトになった体を洗い流し、冬は凍えて冷たくなった体をほぐしてくれる。いつもありがとうの気持ちを込めて、キレイな状態を保てるようにと心がけています。

大きな窓があるお風呂はお気に入りの場所。日中は窓を開けて換気をしています。

Simple method

13

来客は掃除のチャンス

ありがたいことにわが家には「遊びに行きたい！」と言ってくれる友人や仕事仲間がいて、家族揃っての休日にはお客様をお招きすることが多々あります。

来客がある当日は、食事やお茶などの準備と並行して、欠かせないのはやっぱり掃除。お客様をお通しするリビングはもちろん、キッチンとトイレと洗面所はいつも以上に気をつけてキレイにするようにしています。

毎日きっちり掃除はしていないけれど、意外と油やほこりがつきやすいのが冷蔵庫と食器棚。わが家ではわりとお客様が自由に動いて、冷蔵庫を開けて飲み物を出したりするので、庫内の拭き掃除は必須。冷蔵庫は手土産や持ち寄ってくれたものをさっと入れられるように、1段まるまる空けてすっきりとさせておきます。

食器を出すのを手伝ってくれる方もいるかもしれないので、取っ手の部分もキュッキュと拭き掃除。率先して食器洗いまで手伝ってくれることもあり、そのときに水はねのあとや油汚れなどがあると恥

ケメックスは来客にも対応できる大きなものを選びました。ミルクフォーマーはハリオ。

ずかしいやらみっともないやらで、いたたまれない気持ちになるので、キッチンのシンクを磨き上げるのも忘れずに。

次に、床遊びが基本の子どもたちと同じ目線で見てみると、気になってしまうのが床の汚れと巾木《はばき》のほこり。そして、テーブルと椅子の脚の部分に小さく溜まってしまったゴミも見逃せないポイント！

こうしてみると、来客があるときは普段は手が回らない部分にもスポットが当たるので、掃除をするチャンスとも言えます。お客様が遊びに来てくれるワクワク感と、「家を徹底的に掃除しよう！」というメラメラ感で、来客前日は遠足前の子どものような気持ちになる私です。

Simple method

14

悩めるブラシ問題

お風呂やトイレの掃除をしたブラシ類、掃除したその後って、みなさんどうしていますか？

たとえば、食器洗いに使うスポンジは、石けんで洗ってからシンクの置き場、もしくは水切りかごに載せておけばOKですが、そうもいかないのがお風呂やトイレ掃除をした後のブラシ類。

掃除をした後に水で入念に洗い流しても、濡れた状態のまま元あったバケツやブラシホルダーにしまうのは雑菌増殖の原因になるので避けたいところ。濡れたままのブラシを干しておくなら場所はどこがいいのか、を真剣に考えていたのですが……。って、こんなに使用後のブラシの行方について頭を悩ませているの、私だけじゃないですよね？（不安。笑）

いっそのこと、掃除用のブラシもスポンジも使い捨てにしたい気持ちもありますが、それはさすがに不経済なのでトライできず。

というわけで、わが家では使用後のブラシは水でキレイに洗って庭

お風呂掃除はこれらのブラシを使い分けています。

のデッキ部分に干すようにしています。晴れていれば2時間ほどでカラッと乾くので、乾いたブラシを元の場所にしまいます。

しかし、そこで引っかかってくるのが、雨の日は外には干せないという大きな問題。

雨の日に掃除をせずにゆっくりするという案も素敵なのですが、晴れの日には布団を干したり洗濯をしたり庭先の掃除をしたりと、片付けるべき家事が盛りだくさん！　比較的、手が空きやすい雨の日のほうが、お風呂掃除のチャンスだっだりするからです。

なので、雨の日に掃除で使い終わったブラシは、天日干しの代わりに熱湯消毒をすることにしています。

これは私が一人暮らしをしているころに編み出した技（?）なのですが、当時住んでいたマンションのベランダには屋根がなく、玄関回りも共有スペースになってしまうために、雨の日にブラシを外に干せなくて困っていました。

そのとき、思い出したのが、なんでもかんでも熱湯で雑菌をやっつけていた実家の母の姿でした。ふきんをはじめ、まな板や包丁、キッチン系の除菌には熱湯を使っていた母。そんな後ろ姿を見て育った私もすっかり熱湯消毒信者になり、それ以来、掃除用ブラシまで熱湯消毒をしないと気が済まないようになってしまったのです（笑）。

熱湯消毒の効果は、どれほどのものかは正直わからないのですが（もしかしたら漂白剤のほうが効き目があるかもしれないし。笑）、でも、水で流して部屋にそのまま干しておくよりは、熱湯をかけたほうが気分的にも満足するなぁと思ったのが、始めたきっかけでした。

毎日の習慣になっているトイレ掃除は、雨の日でも見合わせることができないので、ブラシを天日干しできないときは熱湯消毒で除菌しています。長年、掃除のたびに試行錯誤していたブラシ問題ですが、ひとまず決着がついたわが家でした。

まな板も熱湯消毒。

Simple method

15

悩めるバスマット問題

ブラシ問題に引き続き、一人暮らし時代からモヤっとし続けていたのがバスマット。

バスマットって、お風呂に入るとき以外はどこかに干しておいたほうが良いの？　天気の良い日に天日干しすればOK？　でもきっと洗ったほうが、清潔さは保てるよね……。他のものと一緒に洗って良いのかな？　できれば単品のほうが良いよね。それでもって、バスマットの裏に加工されているすべり止めのゴムって、洗濯機で洗ったら取れたりしないかな？

……と言うか、そもそも洗濯機で洗って良いものなの!!??　洗わなくても大丈夫な「吸収！　速乾！」と謳《うた》っているものでも、敷きっぱなしにしておくのは気が引けるし、ふかふかのタオル地に抜け毛が絡みやすいのもとても気になる。

いったい答えはあるのだろうか……。と、こんな感じで脳内会議を繰り返していたバスマット問題。これだ！　という答えが出たのは、旅行先で宿泊したホテルでした。

ホテルの部屋には、バスタブ用に備え付けられているバスマットがあります。フェイスタオルより少し大きめで、普通のタオルより少し厚手のものです。

ホテルではそのバスマットを1回使って、バスタオルなどと一緒にランドリー行きになりますよね。それを見たときに「そうか！　その手があったか！」と、気がついたのです。

バスタオルを洗うタイミングは人によってさまざまかと思いますが、わが家は1回使ったら潔く洗う派です。家族分を干しておくスペースもないし、1度体を拭いたものをもう1度使うとなると、においや雑菌が気になってしまうのです。

夫に「変なところで潔癖症だよね」と言われ、家族にもそれを強いてしまうのはいささか気が引けますが、モヤっとした気持ちを晴らして日々を気持ち良く過ごせることを大切にしたい。結果的に清潔であればいいじゃない、と思ってしまうのです。

そんなこんなで、わが家ではバスタオルと同じタイミングでバスマットも洗っています。そして、ようやくこの問題に終止符が打てたのです。

ちなみにバスマットは、「無印良品」の裏にすべり止め加工のないタイプです。買い換えるときも同じものを探しやすく、お手頃価格で購入できる無印良品にはかなりお世話になっています。

Simple
method
—
16

マルチに使えてお気に入りのナチュラルクリーナー

娘が床でハイハイをするようになったころ、ふと気になったのが掃除用の洗剤でした。赤ちゃんは床を触ったその手を、おもむろに口に入れるなんていう行動はザラにあり、少しでも清潔な環境にしたく床を入念に掃除していた私。ふと、使っている掃除用のクリーナーはこれでいいのかな？ と疑問に思いました。

それまで使っていたものはスーパーでなんとなしに買った中性洗剤だったのですが、どうせなら少しでも人や自然環境にも優しいナチュラルなものを使おう！ と思い、調べ抜いて行き着いたのが「ソネット」というオーガニック洗剤でした。

すべての原料が天然成分からできていて、使っている間は人にやさしく、排水後は環境にやさしい。オーガニック洗剤なのに洗浄力が高く泡切れも◎。使うのが楽しみになるような香りと、置いていてもじゃまにならないシンプルでかわいいパッケージ。

洗濯や食器、日常使いできる住まい用の洗剤など、ラインナップも豊富で、染み抜き用の洗剤や漂白剤も愛用しています。中でも、特

市販の容器に希釈したものを入れ、目的によってシールを。こちらはお部屋用。

に出番が多いのは、「多目的ナチュラルクリーナー」です。

水で薄めたものをスプレー容器に入れてふたつ用意し、1階2階と階ごとに分けて置いています。汚れを見つけたらシュッとかけて手軽にキレイにできるのも良いところ。床はもちろんキッチンや洗面台回り、玄関の三和土《たたき》や窓枠、バスルーム、そして洗車まで！ あらゆる場所の掃除で大活躍しています。

洗剤類は用途別に買ったとしても、ともすれば使い切らずにごちゃごちゃしてしまいがち。この多目的に使えるクリーナーは1本あれば十分なので、掃除用具置き場もすっきりします。

Simple method

17

手づくりでいつも清潔なダストボックス

洗面台には、使い捨てのダストボックスを毎朝設置しています。そのゴミ箱とは、マチがあって自立する紙袋の内側にビニールを仕込むだけの簡単な手づくりボックスで、洗面所周辺で出るゴミは、すべてその中にポイと捨てています。

化粧水を含んだ使用後のコットン、髪をといたときに落ちる抜け毛、洗面ボウルやその周りを掃除した後のぞうきん、お風呂上がりで使った綿棒や排水溝の抜け毛もそちらへ。

何だかんだで1日も経てばゴミが袋いっぱいに溜まるので、翌朝、新しいものとチェンジしています。

なぜこの「お手製ダストボックス」が誕生したかというと、洗面所回りで出るゴミは水分を含んでいることが多く、若干（?）潔癖症なところのある私は、その濡れたゴミを、たとえティッシュにくるんだとしても、外のゴミ箱まで染みてしまったら嫌だなあと常々思っていたのです。

ダストボックスの高さは20センチ程度。わずか1日でゴミはたくさんたまります。

最初は洗面所のゴミ箱はなくして、家で一番大きなゴミ箱に捨てに行こうかとも考えたのですが、そのメインのゴミ箱は違う階にあるので、階段を使ってわざわざそこに捨てに行くのはさすがに面倒なのであっさり断念。

ではやはり洗面所にひとつゴミ箱をと思い、どんなものが良いかと1日の行動をポワンとイメージしました。

洗面所は洗濯機も設置してあり、朝の忙しい時間に渋滞しやすい場所ナンバーワンです。そんなてんやわんやのときでもスムーズに動けるように、邪魔になりそうな床置きタイプはまず排除。

洗面台回りに置けるプラスチック製のゴミ箱にビニール袋をかけるかな、と考えがまとまりかけたのですが、洗顔時や歯磨き時に飛んだ水滴がゴミ箱についたら、それを掃除するのも手間よねと、どうしても煮え切らず。

そこでハッと「使い捨てにしちゃえば良いんじゃない？」とひらめいた結果、この手づくりダストボックスが誕生したのです。

紙袋とビニール袋は洗面台にピッタリはまるサイズのものをネットショップで大量に購入します。たくさん買えば買うほど安くなるので、1度に1000枚くらいどっさり購入してストックしています。

ブラシは使い捨てにするには不経済なのでトライできませんでしたが、この手づくりダストボックスなら紙袋とビニール袋合わせて1日あたり1.5円くらいだったので、消耗品の値段にうるさい私でも踏ん切りがつきました。

ちなみに水回りを掃除するときは、ビニール製の手袋とマスク（排水溝をゴシゴシ掃除中に水滴が顔に飛んだら嫌なので）も着用していて、それも使い捨てのものです。

バケツやブラシなど使い捨てできないものは、掃除後のアフターケアをきちんとしなくては清潔感は保てないけれど、使い捨てができるものは、そのときに思いっ切り使い倒してバイバイ。上手に使い分けられたらと思っています。

忙しい朝は洗面台の周りがすっきりしていると作業がはかどります。

Simple method

18

Tシャツぞうきんとバウンティ

まだ使えるキレイな状態の洋服は人に譲ったりフリーマーケットに出していますが、着古したTシャツやよれよれになったカットソー類は小さく切ってぞうきんにしています。

ブラシ問題しかり、バスマット問題しかり、どうやら私は使い終わった後の掃除道具の行方について深く考えてしまうタイプのようで、ぞうきんも例に漏れずそうでした。

掃除で汚れたぞうきんを、まずどこで洗うの？　バケツ？　洗面所？　まさか洗濯機じゃないよね……。石けんでいいの？　洗剤で洗うの？　やっぱり漂白剤にも浸けたほうがより清潔？　干す場所は……（以下省略）という具合に、ぞうきん問題も脳内でぼっ発していたのですが、それを一気に解決してくれたのが「Tシャツぞうきん」の存在でした。

「着古したTシャツなどを小さく切って、毎日の掃除にどんどん使ってしまいましょー！」と、あるスタイリストさんが自身の本で提案していた方法で、そんなシンプルな解決策があったのか！　と目か

Tシャツにして5枚分のぞうきん。この量を2ヶ月で使い切ってしまいます。

らウロコ。さっそく次の日から着なくなったTシャツをごっそり集め、チョキチョキとTシャツぞうきんをつくり、1階2階にそれぞれストックしました。

床掃除は右手にぞうきん、左手にソネットのスプレー。料理中、キッチン回りの汚れが気になったときは、ぞうきんをサッと取り出し、ふきふき。ふと気づいた窓サッシや巾木のほこりも乾拭《からぶ》き。トイレ掃除の床や壁はもちろん、洗面台回りや鏡にも。玄関の三和土だって、厚めのTシャツぞうきんで拭くことができます。

手になじむサイズで柔らかいので、細い部分や角っこのほこりが溜まりやすい部分も掃除しやすく、吸水性もあるので水回りの掃除にもってこいの優秀さ。何と言っても使い終えた後にゴミ箱にポイッと捨てられるので、掃除後の衛生面の心配がなく、使い捨ての気軽さから、より掃除に対して前向きになり「汚れ発見→直《ただ》ちに掃除」という具合に、こまめに動けるようになりました。

Tシャツではなくても、穿《は》き古した靴下やインナーウエアもぞうきんになり、次はどれが候補かな……なんて目で洋服を追いかけてしまうこともしばしば。

一度、Tシャツぞうきんをすべて使いきりそうになったとき、ストック欲しさに夫が1軍選手として着ていた洋服をチョキっとしてしまいそうになり、夫を焦らせたこともありました（笑）。

Tシャツぞうきんのストックがなくなったときは「バウンティ」という外国製のキッチンペーパーをぞうきん代わりにしています。

バウンティはキッチンペーパーなのに布のようにしっかりしていて、水でじゃぶじゃぶ洗ってもボロボロにならず、ぞうきんと同じ用途で使える頼もしいアイテム。洗って干して、繰り返し使う方もいるほど強度の高いキッチンペーパーなのです。

おまけに猫やお花などかわいい絵柄がプリントされているので、使うたびに心がなごんだり……。そんなわけでバウンティもお気に入りお掃除アイテムのひとつとなっています。

Tシャツぞうきんとバウンティのおかげで、自分にとって心地良い拭き掃除生活を送ることができています。

ひとつずつ絵柄が違うので開けるのが楽しみ。バウンティはネット通販で。

Simple method

19

いつでも使っていいよと言える家にしたい

もともと、夫も私も気の置けない友人や仕事仲間たちとの食事やおしゃべりが大好き。

飲み屋さんやカフェでのんびりおしゃべりしていたこともありましたが、子どもが生まれてからは、当然ながら外でそんなゆったりもしていられなくなったので、気兼ねなくくつろげるわが家が、親にとっても子どもにとってもベストな場所になりました。

子どもがいる友人やママ友と、「どこで遊ぼうか？」と相談していると、炎天下で遊具が熱くなる夏や、寒さが厳しくて立ってるだけでブルブル震える冬の公園など、時期によっては遊び場所に困る季節があります。

そんなときに、気軽に「うちで遊ぼうか？」と提案したり、休日に誰かの「ホームパーティーを開こう！」と友人と盛り上がったときに「良ければうちを使って！」と、お客様に対していつでもウェルカムな家でありたい、と思っています。

私の実家も来客歓迎の家で、小学生のときなど友だちと遊びが盛り上がって「このままお泊まりしちゃう⁉」なんてノリになったときも、「ご両親が大丈夫なら、うちは大丈夫よ」と渋ることなく、母はいつも歓迎モードでした。

急なお願いでもサクッとOKを出してくれる母の気前の良さに加えて、うちの父はおもしろい＆怖い話をしてくれることで有名（⁉）だったので、「きみちゃんのおうちに遊びに行きたい！　泊まりたい！」と友人たちが言ってくれるのが、人気者になった気分になれて、子ども心にとても嬉しかったことを今でもよく覚えています。

なので、今でも「お家に行きたい！」と言われると嬉しくて「来て来て〜♡ いつにする⁉」と二つ返事ですし、娘がお友だちと遊ぶ約束をするようになる小学生のころには、「お家に行きたい！」と言われたら、どんどん連れてきてほしいなと思うのです。

気の利いた料理やお菓子をパッと出せるような腕前は、残念ながら今のところないですが（笑）、いつ遊びに来ても大丈夫なように、掃除だけはきちんとしておこうと、心に誓うのでした。

第3章

片付けを
楽しむということ

Enjoy
tidying

Simple
method
—
20

モノにざっくりと
住所を決める

「掃除と片付けは別モノ」とよく耳にしますが、その言葉には首を大きく縦に振ってしまうほど、共感を覚えます。

私の身近な存在である、夫、実母、親友の3トリオは、「すっきり片付け隊」と勝手にユニット名をつけたいほど、片付け好きの片付け上手。私の片付けのできなさっぷりを一番知っている人たちであり、そんな私を寛容な心で見守ってくれる人たちでした。

昔から掃除は好きなのに、片付けがどうも苦手で、机の上や身の回り、かつて「床族」だったころは、自分の座っている周りにもモノを置いているという有り様でした。

掃除しても一向にきれいになった気がせず、「片付け」というものに意識を集中させ始めたのですが、モノを捨てたり収納用具を買い足しても、イマイチ納得のできるすっきりさが得られず。片付けてもすぐに散らかる、そして片付けるの繰り返し。

そんな負のループから抜け出したく、親愛なる片付け隊3トリオに

読んだ後のファンレターを保管するケース。疲れたときは読み返して元気をもらいます。

「片付けのコツ」なるものを取材したところ「モノにも住所があるんだよ」と教えてくれました。

Aを使ったら、Aを元の場所に戻す。Bを使ったら、Bを元の場所に戻す。AをBの場所に戻すから、わけがわからなくなって片付かなくなると、みんなが口を揃えて同じことを言ったのです。

さすが、片付けが得意な人ってコツのつかみ方も一緒なんだなあ……これぞ匠！　と、妙に納得したのでした。しかし、それは熟練した匠の技であって、片付け入門ヒヨッコの私が、モノの住所をひとつひとつ覚えていられるはずもなく……。

なので、モノの住所を番地まで細かく決めるのではなく「◯◯町」ぐらいのアバウトな感じで、ざっくりと場所を決めて収納することにしました。

仕事の資料や定型の紙モノ、随時送られてくる保育園からのお知らせなどは、ボックスタイプのファイルにポンと入れて、時間があるときに仕分けをします。

ペンやハサミなどの筆記用具は、箱の中にじゃらりとひとまとめに。封筒や便箋《びんせん》、切手などのお手紙グッズは、クリアファイルにまとめてボックスに入れておくだけ。

私の場合、油性のペンはここで糊《のり》はここ、切手はここで封筒はここというように、同じくくりのモノをさらに分けてしまうと、「あれ？どこに入れたっけ？」と混乱してしまうので、だいたいの場所をかごやボックスなどで分けるざっくり収納くらいがちょうど良いのだなという結論に落ち着きました。

片付けが苦手な私でしたが、今のところこの方法でなんとかなっています。そして、忙しい日々が続いて、机の上にモノが溜まってしまったり、子どもが遊び散らかしたモノを片付けるときは、大きいモノから片付けるようにしています。

大物が片付くと見た目がすっきりするのが早く、そうすると片付けの終着点が見えた気がして、俄然やる気が出てきます。

掃除と片付けは別モノと言いますが「大きいところから片付くと気持ち良い！」のは、掃除も片付けも一緒なのだと思います。

子どものおもちゃは、気がつけばすぐに散らかってしまいます。

Simple method

— 21

洗濯物入れは 5つに分けています

洗濯物入れには、5つのかごを用意しています。

一番大きいバスケットは、かさばりやすいバスタオルやフェイスタオル専用で、洗濯機が置いてあるすぐ上の棚に、どどんと置いてあります。残りの4つは洗面所の下の収納スペースにあって、ふきん、白系の衣類、色物衣類、夫の衣類と分かれています。

夫の衣類……⁉　なんで別なの？　森きみちゃん、旦那さんの洋服を一緒に洗ってあげない鬼嫁なの⁉　と思った方にちょっとご説明をさせてください（笑）。

これにはですね、深いわけがありまして、私は一緒にしたほうが置き場所も取らず洗濯の回数も減るので楽だなと思っていて、何度も一緒にしようと提案しているのですが、夫から「自分のペースで自分のやり方で洗濯したいし、将来娘に『パパのものと一緒に洗わないで！』と言われたらショックだから、予防策として今から分けている」と言うのです。

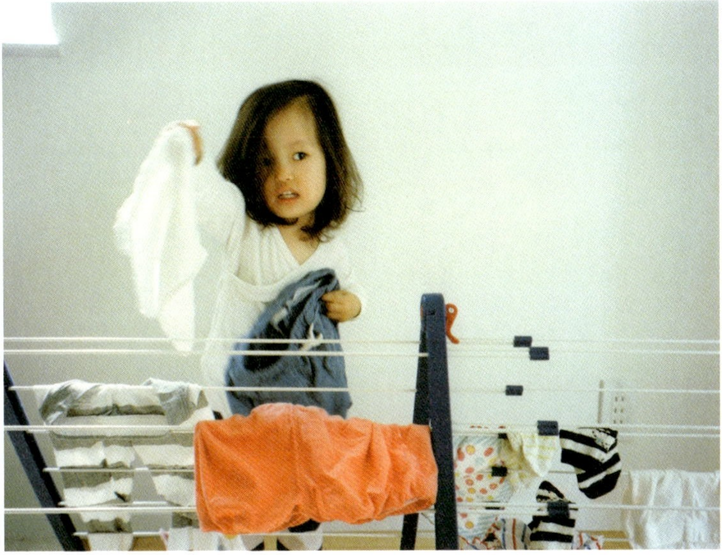

娘は手伝いたいお年ごろ。5倍は時間がかかるのですが（笑）。

冗談なのかどうなのか、真意はわからないけど、その主張は何年も変わらずに頑《かたく》ななので、もう彼の好きなようにやってもらっているというわけです。

……という、たいして深くもなんでもない理由でしたが、そんなこんなでわが家には洗濯物入れが5つあります。

色系と白系を分けるのは、色移りとお互いに目立つ色の繊維が付着するのを防ぐため。以前は洗濯をするときに仕分けをしていたのですが、あらかじめ分けておいたほうが洗濯もスムーズです。

その中でもデリケートな素材のものは別にし、まとめておしゃれ着コースか手洗いで。

タオル類などは枕カバーと一緒に洗うこともあります。シーツや布団カバーは「また洗ったの？」と、これまた夫に笑われるほど。許されるならバスタオルのように、毎日洗いたいくらい。

こうして自分の洗濯事情を書き出してみると、もしかしたら家事の中で、掃除の次に洗濯が好きなのかもしれません。

汚れていた洗濯物が洗剤の良い香りとともに仕上がり、それを太陽に向かってバッと広げる瞬間ったら！　なんとも言えず、たまらない幸福感があります。

お天気事情によって、仕方なく室内干しをしたり、乾燥機にかけたりもしますが、やっぱり天日干し信者としては、お日様で洗濯物を乾かしたいもの。

雨や曇りのぐずぐずした空が続いて、やっと晴れるという日の前夜は、朝起きたら何から洗っていったら段取りが良いか、脳内でシミュレーションをします。それを想像しただけでワクワクした気持ちになってしまう私は、本当に洗濯好きだなあと思うのです。

ドラム式洗濯機が憧れでした。新居の洗面所はサイズを考えて設計しました。

Simple method — 22

洗剤は用途によって使い分けています

洗濯物を分けて洗うとお話ししましたが、それに合わせて洗剤も使い分けています。

ナチュラルクリーナーを掃除で使ったら良かったので、洗剤も同じドイツ生まれの「ソネット」で揃えることにしました。

白系やふきんなどの洗濯物は「ナチュラルウォッシュリキッド」を使っていて、タオルやシーツにも同じものを。天然のラベンダーの香りがふんわりと香って、洗濯中も仕上がり時もとても心地良いです。一番使う洗剤なので5リットルの大容量を購入し、ポンプを使って詰め替えています。

色物には「ナチュラルウォッシュリキッドカラー」を。お気に入りの色や柄を鮮明に保ってくれ、香りも4種の天然のエッセンシャルオイル配合。白系とはまた違う香りなのも、洗うときの楽しみのひとつです。

品質表示は過保護だけど、いちいちクリーニングになんて出してられないわという服は、おしゃれ着洗い専用の「ナチュラルウォッシュリキッド ウール・シルク用」を使っています。天然成分100%で主成分は有機のオリーブ油石けん。植物成分のみを使用しているので、娘が赤ちゃんのころは、肌着をこれで洗っていました。

おしゃれ着を洗った後は「ナチュラルランドリーリンス」で、ふんわりなめらかな風合いに仕上げています。

そして、普通に洗濯しても落ちそうもない、子どもの食べこぼしや泥汚れなどの衣類は「ナチュラルゴールソープリキッド」というシミ抜き用液体洗剤で、事前につまみ洗い＆手洗いをしています。

配合されている牛の胆汁は、乳化作用があるもので西欧の伝統的な洗浄剤のひとつだそう。大抵のしつこいシミ汚れはこれでキレイに落ちてしまうので、うちの優秀な子育て必須アイテムのひとつです。

子どもって本当によく洋服を汚してくれます（笑）。

まだ生まれて数年しか経っていないのですから、上手に食事をしろと言われても無理ですし、水溜まりひとつに大盛り上がりでジャブーンと踏み込み、いろんなことに興味津々なお年ごろなので、汚してくれて大いに結構！　大歓迎です。

娘の肌着は「白」を着せてしまいがちなので、このシミ抜き洗剤は野球でたとえるなら「主将でエースで4番バッター」。もしくは、「打率10割の切り札的存在の代打」というくらい、とても頼もしい存在なのです。

Simple method

23

アイロンの出番が減る洗濯干しのひと手間

実は、アイロンを2台持っています。

「えっ、2台もいるの⁉」とつっこみたいところですよね。

1台はアイロン台の上でハンカチやカチッとしたシャツなどを仕上げたいときに使う、1家に1台あるようなオーソドックスなもの。もう1台はスチームアイロンで、洋服をハンガーに掛けたまま、シューッと全体にかけるだけで、シワが伸びてふんわりとキレイに仕上がる便利なもの。

撮影の企画によっては「私服でお願いします」と言われることも少なくないので、そのどちらかを使い、私物をピシリとアイロンがかかった状態で衣装として持っていくこともあり、私にとってはどちらも手放せない2台のアイロンなのです。

しかし！ アイロンがけって、はっきり言って面倒くさいです（笑）。ハンカチやナフキンなど決まった形のものならまだしも、シャツワンピースとかふんわりしたスカートとか、デリケートな素材が組み

洗濯バサミを使って等間隔に干すと、乾きも早くなります。

合わさった服（かわいいけど）なんて、1枚1枚アイロンがけをしていたら、骨も折れるし夏は汗もかく。

ついでに約7kg（！）もあるアイロン台を出して、またしまわなければならないという労力も、やる気を削いでしまう原因のひとつかもしれません。

……というわけで、やらなくちゃな〜、でも後でいいか〜、とついつい後回しにしがちなアイロンがけですが、洗濯物の干し方に工程をひとつプラスしたら、あらまぁビックリ！　アイロンの出番がグッと減ったのです。

お恥ずかしながら「洗濯物はスピードが命」だと思っていた私。洗濯は仕分けをして、洗濯機にかけて、干して、乾かして、たたんで……と、途方もなく時間がかかる家事で、おまけに毎日のことなので、ただただスピーディに終わらせたい一心でした。

しかし、干す前にひとつの工程をプラスするだけで、アイロンいらずの仕上がりを叶えることができました。

その工程とは、脱水が終わった洗濯物を一度きっちりたたむこと。シャツなら襟やカフス、前立てのボタンの間もピンと伸ばして、タックがある部分も折り目をつけてたたみます。

それまでは、脱水が終わった洗濯物をただちにハンガーにかけ軽くパンパンと叩くだけで、あとは乾いて取り込んだ洗濯物をたたんだりハンガーにかけたりするだけでした。

ところが、収納をするときのように、たたんだ洋服を思い切りパンパンとたたいてハンガーにかけて干すと、アイロンをかけなくても大丈夫なほどキレイな仕上がりに！

忙しい中の「ひと手間」ではありますが、てんこ盛りの洗濯物をすべてアイロンがけするよりは、よっぽど楽チンだったりします。

時間に余裕があるときは、アロマが入ったスプレーをシャツにシャッとかけてパリッとアイロンで仕上げるのも好きなのですが、忙しいときはこの「ひと手間」がよりいっそう大事な工程のひとつだなぁとしみじみ思います。

風に揺れる洗濯物をながめているのが好きです。

Simple method

24

困った紙モノの仕分けに必要なのは「愛」

私を悩ませる、明細書やダイレクトメールなどの紙モノ。

通販雑誌や契約している保険の会報誌、地域のお便りも、開封しようと思いつつ、忙しさにかまけてしまうとそのまま山積みになってしまいます。

「後で読めばいいか」「時間があるとき片付ければいいよね」なんて思っていると、それがチリも積もって、あっという間にてんこ盛り状態でパソコン回りがぐっちゃぐちゃに。

メールの返信をしたりブログの更新をしたり、ボーッとする時間はあるのに、なぜそのひと手間の時間が取れないのかと、自分に問いかけてみたところ、出てきた答えは「面倒くさいから」でした。

面倒くさいと思うのなら、会員紙などは見ずに処分してしまえば良いし、明細書だって確認して後は破いてしまえばいい。

そんなに簡単なのに、できないのは一体なぜなんだろうと再度自分に問いかけてみたところ、自分の意志で選んだり買ったりしたわけではなく、届くのを楽しみにしていたものでもないため、積極的に動くことができないのだとわかりました。

確かに、遠方に住む友人やファンの方から送られてきたお手紙などは受け取った瞬間から読みたくて仕方がなくて、郵便ポストに入っていれば玄関先で立ち読みしてしまったり、事務所でファンレターを受け取ったときは、待ちきれずに帰りの電車で封を開いてしまうことも。

大事な手紙や書類は、キレイに整えて保管をしている箱に入れるというルートまでしっかり決まっているのに、ただの明細書やダイレクトメールに関しては本当に無関心でやる気が起きないというのが正直なところです（笑）。

同じ紙モノなのに随分扱いが違うなぁと自分でも苦笑いしてしまうのですが、そこに「愛があるかどうか」というのは、大げさだけれど私にとってはとても大切なところ。

とは言え、わが家に届く郵便物の8割は明細書やダイレクトメールなどの「愛の持てないもの」なので（笑）、目につくたびにやらなくちゃと億劫になるものがてんこ盛りになる前に、届いたら間髪入れずに目を通して処分することにしています。

Simple method

25

2台の掃除機を使い分けています

掃除機は一人暮らしのころに買い、結婚してからも一緒に嫁入りした外国製のどっしりしたものを使っていました。

コード式で総重量は4kgもあるその掃除機は、重いやら大きいやらで出してしまうのが億劫になってしまい、そのボリューム感ゆえ、狭い場所を潜り抜けるのも困難でした。場所を変えるたびに当然プラグを差し替えるのですが、その動作すらも「よっこいしょ」と気合いを入れなければならないほど、とにかく出すのが面倒になる代物で……。

そんな大変さもあって、毎日なんてとてもじゃないけど、家具の間を走らせることはおろか、収納場所から掃除機を出す気分にさえなれなかったのです。しかし、娘が生まれて実家で過ごしていたときに、急に保護欲？　母としての使命感？　に奮い立った新米母の私。

「珠《たま》のようなかわいい赤ちゃんが生まれたからには、毎日掃除機をかけて清潔に過ごさなければ！　小さい赤ちゃんがほこりにまみれたら大変！　チリひとつも見逃してなるものか！」

わが家のダイソン。使いやすいサイズ感で収納も楽チン。

言ってしまえば、産後すぐの妙なテンションで、そのとき観ていたテレビショッピングで紹介されていた、ハンディタイプのコードレス掃除機を、その勢いのまま電話で注文したのでした。

初めてのコードレスハンディ掃除機は、吸引力が自慢の「ダイソン」でした。充電が切れやすいのが玉にキズではありましたが、そのころ暮らしていた2LDKのマンションでは、1回の充電で十分なほどよく動いてくれていました。

ほどなく、そのマンションの倍以上ある広さの一軒家に引っ越し、愛用していたハンディタイプの掃除機だけでは、家全体の掃除をしきれないという壁にぶつかりました。

そのとき初めて「一軒家は掃除が大変だからマンションに引っ越したい」と、実家の母がボヤいていた意味をかみしめたのですが、1台の掃除機では掃除しきれないという現実を前に、のちにわが家のスターとあがめられることになる、「マキタ」の掃除機の購入を決意。

吟味を重ねて購入に至ったその掃除機は、新幹線の車内清掃でも使われていることでも有名で、デパートやホテルの清掃業者さんが使っているのも何度となく目にしていました。

使い切っても充電がフルになるスピードが速く、パワーも長持ち。ほど良い長さのスティックなので、フローリング部分の掃除も腰が痛くならず、面倒くさい気持ちしかなかった掃除機がけが、楽しみになるようになりました。道具ひとつでこんなにもやる気がアップするのだなと、自分でも驚くほど。

サッと出せる場所に収納できるスリムなボディも魅力のひとつ。来客があるたびにマキタの掃除機の素晴らしさをどれだけ熱く語ったことか……。そして、その宣伝（?）に魅了され、「マキタ、うちも買っちゃった!」という友人たちの言葉を何度聞いたことか！

わが家にある家電製品の中でも、自信を持って人におすすめしたいアイテムのひとつです。

今は、家全体の掃除には「マキタ」を、トイレや洗面所や車内などの細かい部分の掃除には「ダイソン」のハンディタイプを、と使い分けています。

細かい場所の掃除には付属のスティックノズルを使うことも。

Simple method

26

手づくりラベルの活用

洋服をクローゼットに収納する際は、「ハンガーにかけるもの」「たたんで収納棚に重ねておくもの」「収納ケースに入れるもの」の3種類に分けています。そのとき、ワンピースやコート類など、丈が長いものはハンガーにかけてからカバーをかけるようにしています。

カバーはお揃いのものを使うと、自然と収納スペースがまとまって見えるという利点があり、色とりどりの服や丈感や厚みがさまざまな服を並べても、見た目がすっきりします。私はネットショップでまとめて買い、色もナチュラルカラーで揃えました。

カバーをするとクローゼットのほこりが毛足の長いものにからまることなく、毛糸などの繊維が付着するのも防いでくれるので、着たいタイミングでサッとキレイなまま取り出せるのも良いところ。

オフシーズンのものは、きっちり丈までカバーできるファスナータイプを、オンシーズンのものは、取り出しやすさを重視した前合わせタイプを、とその季節の着用頻度によって使い分けています。

靴箱はD&DEPARTMENTで購入した白い箱で揃えています。

ファスナータイプのものは透明のポケットもついていて、その中に掛かっている洋服の写真を入れています。そのポケットの写真を見れば、カバーを外さなくとも中にどんな服がかかっているかがわかるので、やみくもに服を探すこともありません。

ちなみに写真はスマートフォンで撮って、専用のプリンタでチェキにプリントしています。チェキのサイズ感と質感が好きなので、この方法を採用したのですが、とても便利で気に入っています。

オフシーズンのしまった靴箱にも、プリントアウトした写真を貼り付けて、箱を開けなくとも中身がわかるようにしています。

Simple
method
—
27

アクセサリー類の収納は透明な保管ケースに

指輪やネックレス、ピアスにブレスレットにアンクレット。アクセサリーやジュエリーは記念日の贈り物としていただいたり、大きな仕事をやり遂げた自分へのご褒美としてひとつずつコレクションしていったりと、ほんわりするような良い思い出や、あのとき頑張った自分の勲章という気がして（大げさかな）、私にとって、もしかしたら洋服より特別感のあるアイテムかもしれません。

特別感プラスそのもの自体が場所を取らないサイズなので、流行にもさして左右されないデザインだったりすると「新しいものを増やしたら捨てなくちゃな」という気持ちにもなれず、その数は年齢に比例して増える一方だったりします。

20代前半は、小さな手のひらサイズのかわいいお皿に指輪やネックレスを置いていたけれど、20代後半になってジュエリーブランドのデザイナーを始めることになってからは、毎シーズンごとに何十ものジュエリーがわが家に届くようになりました。

急に数が増えてしまったので、小皿の数を増やしたけれども、今度は

無印良品のケースは2段で1セット。置く場所によって段数を変えています。

置き場所に困り……。小さな透明のジッパーバッグにひとつずつ入れて保管してみたけれど、金やプラチナの気品あふれる宝石を「果たしてジッパーバッグに入れて良いのか⁉　否！　良くないでしょう！」と自分にツッコミを入れつつ、うーんと悩んでいたら、夫におすすめされたのが「無印良品」のアクリルケースでした。

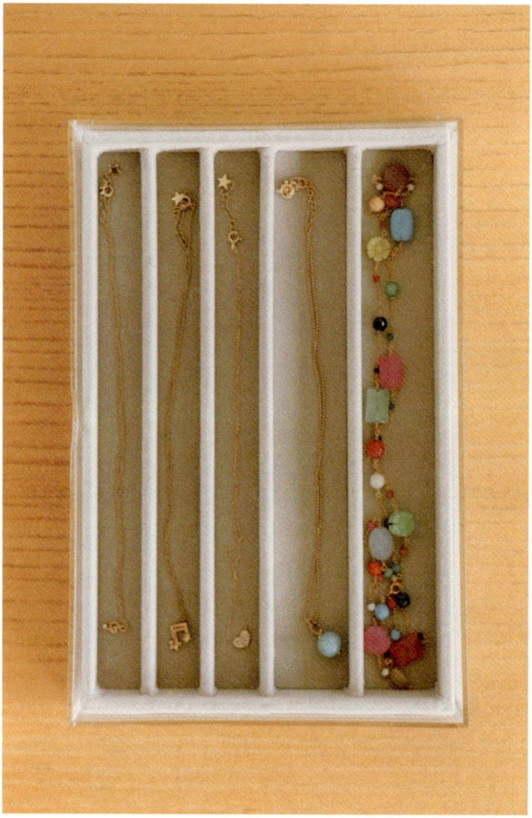

収納する前に乾いた布で一拭きすると金属がくすみにくいとか。

アクリルケースにぴったり合うベロア素材の内箱仕切りも無印良品で揃え、ジュエリー収納問題は見事解決！

今までジッパーバッグの中で窮屈そうに体を折り曲げていたネックレスたちが、とても満足そうにくつろいでいるようにも見え、私の気持ちもとてもすっきりしました。

その当時は1種類だけだったアクリルケースも次第に種類が増えていき、今は大きさや形もいろいろなタイプが登場。

ピアス、ネックレス用にはピアスはもとより大ぶりのネックレスをかけたり、メガネ、小物用には髪ゴムやヘッドアクセサリーを収納したりと、収納したいものによって種類を変えています。

アクリルケースなので清潔さも保ちやすく、何より見事なまでの透明さなのでどこに何が入っているのかが一目瞭然。形もシンプルなのですっきりと置けて、スタッキングできるところもお気に入り。アクセサリー類はもちろん、雑貨やコスメ、筆記用具などもキレイに収納できるので、かなり重宝しています。

Simple method

28

思い出の品は写真に撮って残します

まだ着られそうな状態の良い服は友人に譲ったり、フリーマーケットに出したり、着古したTシャツはぞうきんにしていますが、それらに当てはまらないものもいっぱいあります。

ぞうきんにはならない素材で、かと言って譲るには忍びないほどヨレヨレになってしまった洋服。履き古した靴や、傷がついたり形がへなっとしてしまったバッグ。見た目に惹《ひ》かれて買ったものの、部屋のテイストには合わなくなった雑貨などなど。

それが旅先で一期一会の出会いをしたものだったり、ずっと憧れていてやっと手に入れたブランドや、長い間愛着があったものだと、なおのこと捨てる決心がしづらいものです。

そのもの自体を取っておきたいのか、手に入れたときの嬉しかった気持ちや楽しかった思い出に執着をしているのか、自分でもわからず、どうしたら良いものかと悶々《もんもん》としていました。

ずっと取っておきたいけれど収納場所が限られ、さらに新しいお気に入りが増えていく中、そういったものをどうするかを悩みに悩み、結局押入れの中にしまい込み、引っ越しのたびに目が合い、気まずい思いをしていました。

「ダンボールひと箱分だけ残して、半年ごとに本当にいるのかどうかを検討する」という方法もやってみたのですが、奥のほうにしまい込んでしまうと、その期限の半年を忘れてしまうという有様（笑）。

そんな中、愛着や思い出があって捨てられないものは「写真に撮って残す」という記事を読み、なるほどと思い実践してみることにしました。

記事では、写真は紙焼きだとさらにモノが増えるということで、データで保存することをおすすめしていましたが、いかんせん私はアナログ派なのでプリントした写真として残すことにしました。

プリントした写真は、紙1枚程度の薄さなので、アルバムに入れて保管。写真にすると、モノに対する気持ちや思い出を形として残せるし、見たいときに見ることができます。押入れのダンボールをがさごそするより手っ取り早いかも⁉

今のところ、写真に残したもので「あ〜あれ、やっぱり取っておけば良かった！」と後悔するものは出てきていないので、モノを捨てられないで困ったときには、おすすめの方法です。

Simple method

29

年賀状やお手紙は期限を決めて

元日の楽しみといえば年賀状。遠方に住んでいる旧友、なかなかタイミングが合わずに長く会えていない友人、親戚の伯母さんや従姉妹、頻繁に顔を合わせている仕事仲間や友人から……。会える回数にかかわらず、届くと嬉しいのが年賀状や暑中見舞い、残暑見舞いなどの葉書やお手紙です。

自分のスケジュール帳は、使い終わった年度末に未練もなくスパッと捨ててしまう派ですが（笑）、お手紙や年賀状などは、文字だけでなく送ってくださった方の温かい気持ちまで受け取った気がしますし、手づくりや家族写真が入った葉書や手紙はなおのことずっと取っておきたくなります。

しかし、どこかで期限を決めないと、干支《えと》を1周するくらい取っておくことになりそうなので、保管する期限は2年間と決めています。

普段は葉書をしまうのにピッタリの無印良品のファイルに保管して、師走《しわす》の中旬あたりから、その年のお正月にいただいた年賀状を見返しながら宛先を書いたり文章を書いたりします。保管期限が1年だと中には喪中の方もいらしたりするので、2年にしました。

メールやSNSなどで気軽に連絡を取りやすくなった昨今ですが、便箋と封筒あるいは葉書を用意して、机に向かい文字をしたためて封をし、切手を貼りポストに投函する、という手間をもかけて送ってくれるお手紙は、やはりとても嬉しいものです。

手紙は「送り物」だけれど、素敵な「贈り物」でもあるのだなあと思うのです。ファンの方からいただくお手紙もそう。手紙を書くというのはとても気力がいることだと思うのですが、仕事や育児、勉強などの合間を縫って書いてくださったお手紙は本当にありがたく、私のパワーの源です。

光栄なことに年々ファンレターをいただく機会が増えているので、おひとりずつすぐにお返事を出すことは時間に余裕がなく、できかねるのが心苦しいのですが、お手紙の内容をじっくりと、まるで友人からの近況報告や嬉しい話、相談事を真剣に聞くような気持ちで、ていねいに読ませていただいています。

そして、クリスマスのシーズンが近づいてくるころ、その年にお手紙をくださった方にお手製のポストカードをお送りしています。サインとほんの一言を添えたものなのですが、受け取った方が少しでも嬉しい気持ちになってくれるよう心を込めて。

特に宛名の名前は、その人だけのもので「この名前の方が、来年もずっと健康でハッピーに過ごせますように」と、念をこめて書いています。念と言ったらちょっと怖いかもしれないけど（笑）、とにかくその方と周りの大切な人が幸せに過ごせることを、心からお祈りしながら書いています。

Simple method

30

不燃ゴミの日は断捨離の日

不燃ゴミの日は住んでいる地域や自治体によって異なると思いますが、私の住んでいる場所では月に2回あります。

週に2回ある可燃ゴミの日も断捨離《だんしゃり》をする良いきっかけではありますが、不燃ゴミに分類されるものはたいてい気軽には捨てられず、残すかどうか悩んでいるものだったりします。

そんなときはもう強行手段！　不燃ゴミの日の朝になったら、悩んでいるものはもうポイッとゴミ袋に入れてしまうのです。もし、不燃ゴミの日より前にゴミ袋に詰めてしまったら、気が変わってゴミ袋をほじくり返してしまうかもしれないので（笑）。

「迷ったら、捨てる」と決め、その捨てたくないイジイジとした気持ちごと捨ててしまうのです。

「使うかもしれない」「もったいないから」という気持ちがあっても、「どうしよう」と考え込むマイナスの気持ちのほうが、自分にとって断捨離したいものの一番の正体なのです。

ゴミの日の朝はいつもよりちょっと早起き。

捨ててしまえば、悩んでいた気持ちが嘘のように、案外すっきりとするもの。不燃ゴミに限らず、可燃ゴミ、ビン、カン、リサイクル資源……月に何度かめぐってくるその日をきっかけに、悩んでいる気持ちごとキレイにしちゃいましょう！

Simple method

31

どうしても
捨てられないもの

家の中のものは、潔く処分したり、ほかの用途で再利用したり、思い出として写真を残したり、きっかけを活用しながら整理を続けるよう努力している私ですが、どうしても捨てられないものが、ふたつあります。

ひとつめは「ぬいぐるみ」。それがキーホルダーであろうが、何かのおまけでついてきたものであろうが、UFOキャッチャーで取ったものであろうが、どんなに些細《ささい》なきっかけでわが家に来たものだとしても、目と目が合ってしまうと、どうしてもゴミ袋にそのままポイッと入れることができないのです。

いろいろな考え方があるとは思いますが、私はぬいぐるみや人形などは魂が入っている気がして、どれだけ「ありがとう」の気持ちをこめても、そのまま捨てることができなく、愛着があって長年持っていたものや、娘が赤ちゃんのころから遊んでいてボロボロでも思い入れがあるもの、旅先の思い出が詰まっているもの、ご厚意でいただいたものなどはなおさら捨てることができません。

とはいえ、大切にできる数も決まっています。なので、数が増えたり、古くなってしまったぬいぐるみやお人形は、申し訳ないけれど手放すようにしています。

以前は母にならい、神社やお寺でお焚《た》き上げをしていただいていたのですが、神社で供養したのち支援物資として海外途上国へ送っている団体をインターネットで見つけてからは、せっかくなら誰かの役に立ってほしいとの気持ちをこめて、そちらにお願いしています。発送費や供養料はこちらの負担になってしまいますが、悶々とした気持ちを引きずることを考えれば安いもの。

これまでずっと、なごませてくれたり癒してくれた愛らしいぬいぐるみたちに、感謝の気持ちをこめながら送り出すようにしています。

そして、もうひとつの捨てられないものは「御守り」です。お正月に神社で1年の無事を願って買ったものは、翌年の初詣のときにお札と一緒にお返ししています。旅先の神社仏閣でめぐり合った御守りは、御守りの期限と言われる1年が過ぎたときにまた同じ場所へ行けるとは限らないので、神社や寺院に問い合わせた上で手紙に返納料を添えて送り、お焚き上げをお願いします。

人からいただいた御守りもなるべく同じ場所にお戻ししたいなと思うのですが、それが叶わないときは、神社のものは神社へ、寺院のものは寺院にお返ししています。

これも、母がそうしていたのを見て、私にも自然と身についた習慣なのですが、ぬいぐるみや御守りのその後については人それぞれの考え方があると思うので、あくまで私の場合のお話でした。

第4章

子どもと暮らすということ

Living
with a child

Simple method

32

思い切りはしゃげるスニーカーを愛用しています

20代前半のころは「モデルっぽい格好をしなくちゃ!」と、当時流行っていたヒップハングのスキニーデニムに、ヒールのパンプスを頑張って履いていた私。

ヒールの高い靴は脚が長く見える効果はあるけれど、「スマートに歩けない」「マメができる」「疲れやすい」の三重苦で、私にとってストレス以外の何ものでもありませんでした(笑)。

慣れたら逆にヒールのほうが楽チンなんて話も聞くけれど、私はいくつになってもヒール靴に慣れず、脚長効果をあっさりとあきらめ、履き慣れているフラットシューズに戻りました。

フラットシューズの中でも特に歩きやすいスニーカーは、大きいお腹で足元が見えづらい妊娠中も、出産後に抱っこひもで出掛けるときも、公園で娘を追いかけるようになった今も大活躍で、野球にたとえるならば「攻・走・守」三拍子揃った選手のような、万能で頼れる存在です。

洋服にも言えることですが、身につけるものはストレスがないことが私にとって一番。たくさん歩く日や、思い切り公園を満喫したい日、荷物の多くなりそうな日は、少しでも体の負担を減らせるスニーカーがベストチョイスなのです。

コーディネイトによっては、スニーカーだけではなくレースアップの革靴やサイドゴアのブーツ、バレエシューズ、スポーツサンダルなども履いていますが、どれもフラット底がほとんどで、厚底でもつま先とかかとの高さが同じの、比較的安定しやすく歩きやすいものを選んでいます。

ちなみに、スニーカーは「ニューバランス」や「ゴールデングース」がここ最近の定番で、コーディネイトにも合いやすい「Dr.マーチン」もオールシーズン愛用しています。

夏は涼しく足首も安定しやすい「ビルケンシュトック」も出動率高め。きちんとしたい日は、「レペット」のジジを履いています。

子どもを追いかけるだけでなく、アスレチックのような遊具でも遊ぶようになってくると、アシストするために一緒にトライすることもしばしば。

女の子といえど、活発で外遊びも大好きですし、子育ては体力勝負。私も一緒になって走ったり体を動かしたりと、娘との時間を思い切り楽しみたいので、スニーカーやフラットシューズには日々お世話になっています。

Simple method

33

電動自転車デビュー

電動自転車歴がもうすぐ2年になろうとしています。高かったけれどこんなに元を取れたものは、ここ最近ではないかも、という大活躍っぷり！

娘の登園降園は自転車なので、雨さえ降らなければ、平日はほぼお世話になっています。休日も家族で自転車に乗り、少し遠めの公園にピクニックに出かけたり、隣町のカフェにランチをしに行ったり、年中無休の勢いで（雨の日は除く）行動をともにしております。

私の生まれ育った街は坂が多く、それもとても急な傾斜が多い土地でした。坂の上に立つと街並みが見渡せるところは気に入っていたものの、友人の家まで長い階段があったり、自転車で行けたとしてもアップダウンが激しすぎて、結局歩きより疲れてしまうような環境で、年を重ねるにつれ、自然と自転車から離れてしまいました。

しかし、東京に引っ越してきて驚いたことのひとつが、自転車に乗っている人の多さでした。自転車ブームも手伝ってか、ひとり1台は自転車を持っているんじゃないかというくらい、多くの自転車を見かけます。

車道と歩道以外にも自転車専用マークがあったり、自転車に関する法律が整備されたり、それだけ利用者が多くなっているのでしょう。

私もすっかり自転車が手放せないうちのひとりです。買おうかどうか迷っていた期間が、もったいなかったと思えるほど（笑）。

購入の決め手は同じくママの友人の電動自転車を貸してもらったことでした。ひとこぎで「スイー」と軽々と前に進んでしまう感覚に感動を覚え、その週末には自転車屋さんに駆け込んでいました。

それ以来、充電さえ持てば横浜の実家まで帰れちゃうのでは⁉　と思えるほど、電動自転車を信頼していて、主婦モードに切り替わると「特売品がある」「お肉が安い」「野菜がみずみずしく新鮮」「魚介類はここで決まり！」と時間が許す限り、自転車でスーパーのハシゴをしています。

さらに、違う路線の電車を利用したいときにその駅まで行って駐輪場に停めたり、電車では遠回りだけど直線で結ぶと近い街に足を延ばしたりして、自転車生活を満喫しています。住んでいる街周辺の地図を広げてどんどん開拓していき、行動範囲を広げるのが楽しくなりました。

とはいえ、自転車も車と同じで走行する上で十分注意が必要ですし、安全に乗るためにメンテナンスも重要。交通ルールをきちんと守りながら、安全運転で快適な自転車ライフを過ごしたいと思います。

Simple method — 34

おもちゃはいつも決められた数だけ

子どもと暮らし始めて気づいたことは、「子どもの所有物の多さは大人並みだな」ということ。そのほとんどは、おもちゃです（笑）。お祝いやお土産などでいただいたもの、おねだりされたもの、ファミレスのおまけでもらった小さなもの。気づけば娘のおもちゃ専用の収納棚が、パンパンにあふれてしまいます。

なので、わが家は「おもちゃはこの収納棚に入るだけ」と決めて、あふれてしまったものは捨てるようにしています。

捨てるおもちゃの見極めは「本人のお気に入り度」がすべて。遊んでいる様子を1週間も観察していると、お気に入りのおもちゃというのはすぐにわかるもので、うちの娘の場合はいくつかのお気に入りたちをローテーションしていることがほとんどです。

捨てる対象にしているのは、そのお気に入りたちを除いたもの。どこかで「いる」「いらない」のジャッジをしないと、おもちゃであふれ返ってしまうのでやむを得ず。

こうキッパリ書いてしまうと、なんて無慈悲な母親、と思われそうですが、これでも以前は「これはまだ使う？」「もういらない？」と娘本人に判断を仰いでいました。しかし、彼女の返事は「ぜんぶいる！　まだあそぶ！」の１点張り。まあ、子どもの反応としては当然なのかな〜と（笑）。

それまで忘れていても、一時期は夢中になっていた思い出のおもちゃをいざ見せられたら、遊びたくなってしまう気持ちもわかるし、「わたしのおうちにね、レゴもアンパンマンもいーっぱいあるの！」と、ドヤ顔でお友だちに持ち物自慢することもあるように、おもちゃをたくさん持っているのがステイタスでもあるお年ごろ。

そんなこんなで、わが家は「いる」「いらない」を娘に聞いてみる作戦は失敗でした。なので、「お気に入りを残す作戦」にもトライしてみたのですが、「ママ〜あのおもちゃ、どこにあるの一？」と捨ててしまったおもちゃをふいに思い出されて、ヒヤリとした経験も。

すっかり忘れていると思ったのに、意外とちゃんと覚えているものなんだなあと、子どもの記憶力に妙に感心してしまったり（笑）。

そこで、そんなふうにつっこまれても「ウッ」と言葉を失わないように「とりあえずとっておく期間」というものを設けました。使っていないとジャッジしたものをすぐに捨てず、箱か袋にひとまとめにしておいて、娘の目が届かない場所で2ヶ月くらい保管します。その保管している間、見事思い出したら娘のもとへUターン、思い出さなければ今度こそ本当にバイバイ！

円満におもちゃを循環させるため、母は忍者のようにサササと水面下で動いているのです。

Simple method

35

お風呂のおもちゃはネットに入れてつるします

子どもがお風呂で遊んだおもちゃは、そのままにしておくと水滴がカビ菌の原因を呼んで不衛生なので、水を切ったら抗菌ネットに入れてお風呂場にぶらさげています。

そして、週に１度徹底的にお風呂を掃除するときに、漂白剤を入れた桶におもちゃを浸け置きして、カラカラに乾かしてから、ふたたびお風呂に戻しています。

お風呂以外でも、子どもが手にするおもちゃは、お友だちが遊びに来るタイミングでキレイに拭いたり消毒したり、ぬいぐるみは天日干しをしたり、清潔に保つように心がけています。

何でもかんでも口に入れる赤ちゃんの時期は過ぎたものの、子どもが触るものはいつも清潔にしていたいもの。

週に１度でも月に何回かでも、おもちゃをピカピカにする行為は、心と体の衛生的に良い気がするのです。もう少し大きくなったら、子どもと一緒に掃除ができるかな。

ネットはどこにでもありそうなものを活用しています。

Simple method

36

子どもの成長は四季の移り変わりとともに

お正月やバレンタイン、ひな祭りにこどもの日に七夕、ハロウィンやクリスマスなど。季節のイベントはかしこまった感じではないけれど、わが家なりに楽しんでいます。

子どもが小さい今は、たった1年という期間でさえ、成長は目覚ましく「昨年のこのイベントのときはまだできなかったのに、今年はこんなことができるようになるなんて！」と、わが子の成長をしみじみ振り返っては、ほろりとした気持ちになってしまったり。

四季折々の日本の行事やお祝い事はもちろん、クリスマスやハロウィンなどの和洋折衷なイベントも楽しみですが、私が特に盛り上げたいなと思うのは、やっぱり「誕生日」です。

1年のイベントの中でも「365日のたった1日、自分だけの特別な日」というスペシャル感は、いくつ年を重ねても嬉しいもの。

そして今の私の中で、自分の誕生日よりも楽しみなのは、やっぱり娘の誕生日。毎年部屋を飾りつけして、ケーキを囲み、バースデーソングでお祝いをしています。

ふと思い出すのは昔のこと。小学校高学年になるまで、母は家に私の親しいお友だちを呼んで、「おたんじょうびかい」を開いてくれました。仕事でいつも忙しくしていた母が、ごちそうをつくり、ケーキを準備して、プレゼントのお返しまで用意してくれたことが、幼いながらに嬉しかった覚えがあります。

そして、わが家は姉妹だったからか、「ひな祭り」も女の子のお友だちを呼び、華やかな雛《ひな》人形を眺めながら歌を歌ったり、ゲームをしたり、盛大に楽しんでいました。

幼少期に限らず成人するまで、母がしてくれたことは、時を経て自分が母親という立場になると、やはりわが子にもしてあげたいと思うものです。

季節ごとのイベントなどに参加したり、完璧じゃなくともわが家にも取り入れたりして、四季の移り変わりとともに、子どもの記憶に残るような楽しい時間を過ごしたいなと思っています。

Simple
method
—
37

昆布と鰹のお出汁を取って ストックすると料理がラクに

結婚してもう5年になりましたが、恥ずかしながら、あまり料理が得意とは言えません（涙）。

残っている食材でちゃちゃっとつくりました！　というアレンジを効かせるなんて夢のまた夢。毎晩の献立すらままならず、未だに料理本をめくってうーんと考えてしまいます。

「掃除or料理。1日中やるとしたらどちらを選ぶか？」と聞かれたらずっと掃除をしていたいくらい。食べることは好きだけど「えいっ！」と気合いを入れないと集中できない、という情けない有様です。

料理を上手に仕上げることよりも、いかんせんどう動いたら洗い物を効率よく片付けられるかのほうに意識が向いてしまって、純粋に料理を楽しめないというか……。

それでも体がつくられる大切な時期の小さい子どもを育てている以上、毎日食卓にバランスの良い手づくり料理を出したいとは思いますし、手が込んだものはできなくとも、旬のものや新鮮な食材で、なるべくヘルシーな和食をつくることを心がけています。

子どもの味覚は大人の３倍以上敏感とも聞くので、和食の基本である出汁《だし》は昆布と鰹《かつお》から取るようにしています。

１週間に１度大きなお鍋で鰹ぶしを１袋使い切って贅沢《ぜいたく》にお出汁を取り、ペットボトル２本分を冷蔵庫でストックします。

ほぼ毎日食卓に並ぶお味噌汁のベースとして使ったり、うどんや煮物や和え物やおひたしなど、出番はそこかしこに。和食をはじめ、いろいろな料理に使えて、和風のパスタやお好み焼きなどの粉ものに入れても、隠し味としていい仕事をしてくれます。

洋食や中華をつくるときには顆粒《かりゅう》タイプの出汁やブイヨンも使ったりもしますが、わが家の献立の基本である和食には、素材の自然な味を感じられるように、本物の出汁を使っています。

子どもがお味噌汁やおつゆを飲み干してくれるほどすっきりとした喉ごしに加え、出汁のコクや甘みを１度味わったら、もうインスタントには戻れないほど。３人家族で１週間にペットボトル２本分使い切ってしまうほど、わが家にはなくてはならない存在です。

この出汁を入れたお鍋に、お肉と野菜をどっさり入れて、味噌か醤油で味付けした温野菜たっぷりのうどんは、忙しいときのわが家のお助けメニューとしてすっかり定番です。

Simple
method
—
38

新鮮なうちに
調理して常備菜づくり

鰹と昆布で取った出汁のほかに、わが家にストックしているものがあります。まず、味噌汁の具として活躍してくれる椎茸《しいたけ》やしめじなどのきのこ類、青ねぎや葉野菜です。鶏肉や豚肉などもスーパーで買ってきて、冷蔵庫に入れる前に、ジッパーバッグに小分けします。

さらに、適当な大きさに切って冷凍しておくと、食材を無駄にすることなく使い切ることができ、忙しいときは凍ったものをそのまま鍋に入れるだけで使えるので何かと便利。白菜やキャベツ、白ねぎなど、野菜室のスペースを取りがちな大物も、切って小分けにすることでコンパクトになり、冷蔵庫の中もすっきりします。

さらに、つくり置きをしているものもいくつかあります。定番なのが、ブロッコリー。塩ゆでしたブロッコリーは冷蔵庫で3日ほどもつので、食卓に緑黄色野菜が足りないなと思ったら、そのまま出してマヨネーズをつけて食べたり、朝食の卵料理の横にミニトマトと一緒に添えてみたり。

次に、ゆでたじゃがいもをつぶして、軽く味付けをした「じゃがいも

週に一度の常備菜づくりにエプロンは欠かせません。

の素」。パンに塗っても良いですし、メインの付け合わせとしてマッシュポテトにしたり、豆乳や牛乳でのばしてスープにもできます。

にんじんやピーマンを入れたひじきも常備菜の定番選手で、ごはんのおともはもちろん、納豆と一緒にスパゲッティにからめて和風パスタにも。

休日は外食が多くなるので、平日はなるべく家で手づくりのごはんを食べたいなと思いますが、夫婦ともに忙しくキッチンに立つ気力もない日は、あきらめて外食をしてしまうこともあります。でも、つくり置きの常備菜と冷凍しておいた食材に助けられ、「外食せずに済んじゃった〜♡」という日も多々あるので、そんなときほどストックに感謝することはありません。

Simple method

39

家族との時間を大切にする

私も夫も、平日や土日祝と暦に関係なく、時間も不規則な仕事をしています。娘が3歳になってからは保育園に通うようになり、平日みっちり園生活を送っているので、子どもと一緒にいられるのは、土日のみ。祝日を除くと週に2日になりました。

その2日間は全力で娘と一緒にいたいなと思うので、スケジュールの都合上やむを得ない場合を除いては、なるべくお休みをいただけるように、事務所にお願いしています。

娘とふたりきりの日は、友人に遊びに来てもらったり、ママ友さんと子連れスポットにお出かけしたり、横浜の実家に帰っておばあちゃん孝行をしたり。

何も予定がないときは、娘に「今日何がしたい？」と聞いて、「こうえーん」と言えば公園に、「ドーナツたべにいくー！」と言えばドーナツ屋さんに行ったり、わりと自由に行動しています。

夫が一緒にいられる日は、3人揃ってお出かけをしたり共通の友人

「ease basic」のピクニックシートは軽くて持ち運びも便利。

を招いたり、家族みんなで一緒にいられる時間を楽しんでいます。

ふたりでひとつ、という意味の「ニコイチ」を忠実に守っていると言ったら大げさですが、大切にしている夫。

結婚してからは、ふたりが一緒にいられる日は共に過ごし、お互いの友人たちとは家族ぐるみで顔見知りになって、夫婦で参加できるイベントなどは必ず一緒に。「仲良し夫婦」と言われる所以《ゆえん》は、そのあたりにあるのではないかと思うほど、空気のようにいつも隣にいる存在になっています。

結婚生活がスタートしてからほどなくしてナルホドと思ったのは、

夫の両親が「ニコイチ」を大切にしていて、旅行や食事はもちろん娘のお迎えを代理で行ってくれるときもお義父さんお義母さん、ふたりセットで行ってくれること。

ふたりの会話をさりげなく聞いていると、もう何十年も一緒にいるのに話の内容が豊富なことに驚きます。いつも一緒にいれば、会話も自然と少なくなり相槌《あいづち》もマンネリ化するのかと思いきや、いつも新鮮な表情でお互いの話をウンウンと聞いていて、なんて素敵なご夫妻なのだろうと憧れてしまう存在なのです。

そんな仲の良いご両親に育てられた夫は、ニコイチが自然と身についているのか、家族の時間をとても大切にしてくれます。

かつての「ニコイチ」はもう「サンコイチ」になったわけですが、会話は子どものことだけでなく、私がやっている仕事や考えていることに未だに興味を持ってくれ、夫婦ふたりにしかわからない会話が時におもしろくない娘には「シー！　パパ、おはなししないで！」と人差し指で制止されることも（笑）。

娘と一緒にいる日は、スマートフォンのチェックを控えめにし、娘に視線と愛情をたくさん向けられるよう、貴重な家族の時間を大切にしています。

北海道旅行のとき、鏡に向かって撮った貴重な3ショット。

Simple method

40

1日の最後にお風呂で得る明日への活力

昔から長風呂が大好きで、実家に住んでいたころはよく父から「まだ入ってるのかー⁉　早く出ろ！」と叱られていました（笑）。

その反動から、一人暮らしをするようになってからは、それはそれは自由にお風呂に入りました。

夜だけでなく昼間でも、本はもちろん、防水小型液晶テレビを持ち込んだり、お茶もティーポットごと持ち込み、心ゆくまでバスタイムを楽しんでいた私。

温かい湯船で半身浴をしながら、1日の疲労物質や老廃物が汗とともに流れていくことが心地良く、汗だけでなく嫌なことや不安なことまで流れていってしまう感覚さえもあり、とにかく長風呂を楽しむことは、仕事のストレス解消にもなる、とても重要な儀式のひとつでした。

しかし、子どもと一緒にお風呂に入るようになってからは、湯船にゆっくり浸かることはおろか、自分の髪の毛や体もザーッとしか洗えないほど、バスタイムはいつもてんやわんや。

2人3人と一気にお風呂に入れているお母さんには叱られてしまうかもしれませんが、要領の悪い私は、子どもひとりお風呂に入れるだけで大騒ぎだったりします。

でも、娘が「ママのおせなか、あらってあげるね」と小さい手で一生懸命石けんを泡立ててくれたり、湯船に浸かったときに「ママのこと、かわいくしてあげる！　みつあみでいい？」と髪の毛を結おうとしたり、一丁前にお手伝いをしてくれる姿が、何とも愛おしくて。

平日は保育園から帰ってきたらすぐに夕食で、食器を片付けている間は少しひとりで遊んでもらって、それからお風呂というハードスケジュール。唯一、ゆっくりコミュニケーションを取れる時間が、このお風呂タイムなのです。

ちょっと前までは「お風呂に入れるのは力仕事だからパパに！」なんて頼りがちでしたが、今は娘をお風呂に入れながらその日あったことや秘密のお話をしたり、この前まで赤ちゃんだったのにね〜と、娘の成長した横顔に目を細めたり、ぎゅっと抱きしめたり。

ふたりで湯船に浸かり、そばに娘の体温を感じ息づかいを聞きながら「これが、幸せというものね」としみじみ感じる時間は、私の明日への活力になっています。

第5章

日々の暮らしを楽しむということ

Daily living

Simple
method
—
41

心から好きだと思えるものを集めるようにしています

モノを買うときはカップひとつからずっと長く使う家具まで、「本当に100%満足して買えるのか」「妥協はないのか？」と心に問いかけながら選んでいます。

値段がお手ごろで使い捨てできるもの（たとえばスポンジとか歯ブラシなどの日用消耗品）は「試しに！」と買ってから使い心地を吟味することもありますが、長く使いたいものは徹底して考え抜いて、買うようにしています。

実家にいたころは、あまり自分だけのものに執着しておらず、いつかは出ていくであろう部屋の家具や食器にさほど興味を持つことができませんでした。

一人暮らしのころは当然自分だけが好きなものばかりに囲まれていましたが、今は夫のこだわりももちろんあり、尊重もしたいので、ふたりが好きなものを選ぶようにしています。

それほど気に入っていないものを「デザインはイマイチだけど使え

るから」「高かったから」と使い続けていると、ずーーっと好みではないことが気になってしまって、悩みがひとつ増えたと言っても大げさではないほど。それを使うたびに「?」という気持ちになってしまうのです。

好きなものを使っていたり好きなものを身につけているときは、とても気分も良く、自信が持てたりするもの。好きではないものを使い続けることはその逆で、そのもの自体は悪くないのに、マイナスのパワーに引きずられてしまうことがあると私は思うのです。

なので、モノを買うときは本当にときめいて納得しているかを何度も確認してから！　家族で長く使うものは、夫にも相談します。

好きなものに囲まれた生活は、ただリビングで過ごしているだけでも目に入るすべてが好きなものだらけ。

洗い物にしても、好きな炊事用手袋で、好きなキッチンツールで、好きな食器を洗い、好きなふきんで拭いて……と。面倒くさいなと思う家事だって好きなもの尽くしにするだけで、素敵で楽しい時間になる！　と、本気で思っています。

好きなものに囲まれた生活のススメ。いかがでしょうか？

Simple
method
—
42

やることを手帳に書き出しては消してゆく気持ち良さ

これまで手帳というものを使い切ったことがなかった私。

年度のスタートと同時に手帳は買っていたものの、次第に持ち歩くのが億劫になり、スケジュール帳の連絡はメールに残っているから良いか〜と書き込むことも少なくなって、年度末には家の引き出しにお留守番しっぱなしという状態。

頭で記憶できるからと高をくくっていたけれど、子どもが生まれてからは、夫と予定を合わせて組み立てていかなければならなかったり、園に通い出してからは子どもの年間行事なども加わったりして、とてもじゃないけれど脳内インプットのみでは無理が生じ、半年ほど前からまた手帳を持ち始めました。

手のひらより2回り大きいサイズで、見開きで見やすいマンスリータイプの手帳。

1マスが上下で色が分かれているので、仕事と家族のそれぞれの予定が書き込みやすく、備忘録としても便利なメモ欄には、アンケー

家族と自分の予定を書き分けられるママ向けの手帳を使っています。

ト返信などの締め切りがあるものを書き込んでいます。

記入は黒色ボールペンとスタンプを使っているのですが、どちらも消しゴムで簡単に消すことができ（便利な時代！）、私や家族の予定をわかりやすくしています。

「すること＆買い物リスト」には、その月にやるべきこと、仕事のこと家庭のことに分けて書き出していきます。その月のやるべきことをひとつずつ片付けていき、できたら「OK」のスタンプをポン！

期限が迫った支払いや、郵便局から送る手紙や荷物、子どもの予防接種や定期健診、ヘアサロンの予約など、それまでは頭の中で整理していたものをリストアップして書き出していくと、文字にするというだけで忘れづらくなり、開くたびにできているかどうか確認できるのも、手帳の良いところかもしれません。

何よりやるべきことをひとつずつこなし、スタンプで「OK」を押すだけですごく気持ちいい！

やらなきゃならないことを放っておくのって、心のどこかでモワンと引っかかり、小さなストレスになっているんだなと思います。

買い物リストは、欲しいなと思っているものを大物小物にかかわらず自由に書き出して、あとは毎週宅配でオーダーしたものをメモし「かぶり買い」を予防しています。

そして、今までノートに記していた贈答の記録も、手帳で管理するようになりました。結婚して子どもが生まれ、付き合い方も今までの個人単位ではなく家族ごとになったので、自分以外の家族がいただいた贈り物もしっかり記録するようにしています。

いただいたものは覚えていても、贈ったものはわりと忘れてしまいがち。同じ人に同じものを贈る失礼のないよう、そしていただきもののお返しはすぐにするように。母から耳がタコになるほど教えられてきたことなので、手帳に書いて出先からでも確認できるようにしています。

キッチンの隣が私のパーソナルスペース。

Simple method

43

とっておきの服を毎日着る

「とっておきの服ってなんだろう？」と、思うのです。

とっておきの場面で「これ！」と着たくなる服が「とっておきの服」でしょうか。でも、そのとっておきの場面は月にそう何度も訪れるものではありません（人にもよるとは思いますが）。

私は普段、なんてことない日からとっておきの服を着るようにしています。

以前は「○○のときまでにもったいないからとっておこう」と大切に保管していたこともありましたが、そうもったいぶりすぎると登場するのは月に1〜2度、下手をすると2ヶ月に1度着るかどうか、ということもありました。

そうするうちに、その洋服の旬な時期が過ぎ去ってしまったり、ただ大切に保管しているだけで宝の持ちぐされのようになってしまい、私はモノを大切にすることについて、うーんうーんと考えたのです。

次の日に着る服を決めてから寝ます。服を着るのが毎日楽しみです。

「大切にする」というのは、ていねいに扱ったりキレイな状態を保つことはもちろんだけれど、モノには使命があって、その使命をまっとうさせることが、モノにとっては大切にされるという意味ではないのかと。

「大切にする＝使うこと」。つまり洋服として生まれたからには、着られることが最大の使命なので、大切にしたいならちゃんと着てあげるべきだなと思ったのです。

それからは、毎日どんな場面でもお気に入りのとっておきを着るようにしていて、好きなものが揃っているクローゼットから、その日の行動パターンを思い浮かべながら服選びをしています。

そうなると、自然と「部屋着」と呼ばれるものはなくなり、いつでも外に出ていける洋服を身につけるようになりました。部屋着がないことを人に話すと「えっ⁉　窮屈じゃない？」と言われますが、ゆっくりしたい日はTシャツに太めのボトムや、ゆったりとしたワンピースを選ぶようにしているので、案外大丈夫なのです。

とっておきを着ていても、エプロンをすれば料理も掃除もさほど気にせずにできてしまうもの。郵便物を取りに門のポストまで気兼ねなく行けるし、ご近所さんの目を気にせずに庭の掃除もできます。宅配など急な来客があっても、焦ることなく対応でき、買い忘れたものがあってスーパーへ走るときも着替えずに行けるので、忘れっぽい私にとっては都合が良かったりします。

それに「いつでもとっておき」というスペシャル感を毎日味わえることがとても気分がいい！「これはちょっとな……」と思う服を、汚れてもいいからとか、楽だからと着続けていても、イマイチな気持ちがじんわりまとわりつくだけ。

人生なんてあっというまに過ぎてしまいます。自分の体はひとつだけなのだから、せっかくのとっておきの服をいつかのためにと“箱入り娘”にさせず、大切にしたいのなら普段からたくさん着てあげましょう。

そのほうが洋服にとっても、幸せなのかなと思います。

ミナペルホネンのシャツワンピース。靴下は重ねばきが基本。

Simple
method

44

大切にしていた洋服は
笑顔で迎えてくれる人へ

仕事柄、洋服はかなりの数を所有しているほうだと思います。

気に入っているものは、ていねいに手入れをして長く着たい気持ちがありますが、毎シーズンごとに増え続ける服をすべてを取っておくのは、物理的にも無理が出てきます。

「新しく入ってきた数だけ古いものも捨てなくちゃ」と思うのですが、もともと好きで集めたものだけに、これが本当にツライ作業で……（涙）。

断捨離をスムーズに進めるため、必要のないモノを潔く処分するコツが書かれた本を読みあさったりもしました。

しかし、いざ仕分けを始めた次の瞬間から、「憧れのブランドで高かったから」「まだ状態がキレイ」と、もったいない精神が先行して決めかねたり、「結婚する前に夫とのデートで着たなぁ」「これを着て好きなアイドルのコンサートに行ったっけ」なんて思い出横丁の暖簾《のれん》をくぐってしまったり、「来年は着るかも⁉」「もし憧れの北欧へ旅行したら、このダウンジャケットが活躍するかも！」と、まだ決まってもいない未来の自分のために服を取っておいては、結局着ないまま、なんてことがザラにありました。

愛着や思い出があり、かつ、まだ着られる状態の服や靴などを捨てるのは、私にとってはとても難しいこと。

でも、そんな言いわけをし続けても、どんどん洋服は増えていく一方で、たとえ大きめのクローゼットだって、自分で取捨を決めなければ、当然パンパンになってしまうのです。

なので、捨てるのが無理ならば「やることはただひとつ！」と、次の持ち主さんを探すことにしました。

「○○ちゃんに似合いそうなので、良ければ着てください」とメッセージを添えて、友人や親戚に譲ったり、インターネットのオークションに出したり、フリマアプリも活用。実際に公園などで開かれるフリーマーケットに出店したりもしました。

お気に入りの服、お気に入りだった服、なかなか捨てられないときは、喜んで着てくれそうな誰かのもとへ。最後まで大切にしていた洋服を、笑顔で誰かが迎えてくれたときには、胸のモヤモヤが取れてすっきりとした気持ちになります。

それでも残ってしまったときは、もう迷わずに、潔くサヨナラすることにしています。

Simple method

45

一瞬のきらめきを愛でる幸せな花時間

幼いころから、よく両親にいろんな場所に連れていってもらった記憶があります。たいてい山や渓谷のハイキングで、温泉宿に泊まるというのもおなじみのコースでしたが、観光地や景勝地、寺院仏閣などをめぐったり、広大な公園へピクニックにも行きました。

そこで、決まってしていたのが「季節のお花鑑賞」です。

母は花を心から愛していて、季節がめぐるたびに、水仙、梅、桜、チューリップなど花々を愛《め》でる旅に出かけては、満足げに「お花追っかけ隊」の任務を遂行しています。

そんな母の背中を見て育った私は、当然のように花が好きになりました。母ほどではないけれど、何げなく街角や道端に咲く花を見ては「このお花は何という名前だろう？」と気になってしまうし、花が咲いたと聞けばどこへでも足を運びたくなってしまいます。

一瞬にしてうわーっと咲き、一瞬にしてハラリポトリと散ってしまうあの刹那《せつな》のパワーというか、むせ返るような瞬間のきらめきは、こ

年に２回咲く庭のバラの花は、義理の祖母から譲り受けたもの。

の世界のどこを探しても、花以外ない気がしています。

その一瞬のきらめきや艶《つや》めきを少しでも長く眺めていたく、私は花を飾ります。

花を飾るとリビングがとても華やかになり、家事の合間に視線を送るだけでも不思議と元気をもらえるのです。

朝起きてすぐ水を替えたり茎を切ったり、花を整えてから朝食の準備に取りかかるのも、心地良く１日を始めるためのお気に入りのおめざコース。

庭のバラを一輪挿しに。右端は旦那のフィルムケースを活用。

どんなに手入れをしても、枯れてしまうときは少なからず寂しいですが「美しく咲き、部屋を華やかにしてくれてありがとう。うちに来てくれてありがとう」とお礼を伝えて、また新しいお花を飾るようにしています。

娘と散歩に出かけながら「このお花はアジサイ、これはヤマボウシ、まだ咲いていないけれどこの木は百日紅《さるすべり》が咲くのよ」なんてよく話しているからか、娘もすっかりお花好きに。

お迎え帰りや休日にお花屋さんに寄って、娘が選んだお花を買い、どの花びんにいけようかと考えながら手を繋ぎ帰る道。お花が運んでくれる、幸せな時間です。

朝の５分は花を愛でる時間にしています。

Simple method

46

おやつは
我慢せずに食べる

30代も半ばになると、今まで気にならなかったところまで気になり始めて、良いと噂のスキンケア用品を使ってみたり、鏡の前で「この肉、明日になったらなくなってないかな」とボヤきながらマッサージに勤《いそ》しんだり……。20代のころよりは自分の肌の状態やスタイルを気にかけるようになりました。

しかし！ どうしてもやめられないのは、大好きなものを食べること。バウムクーヘンにフルーツサンドにバターサンド、ロールケーキにチョコがけドーナツに、こってりラーメン（あ、なんか1種類違うジャンルのものが混ざってしまった）♡

私の好きなものは、世間でよく言う「カロリーの高いもの」だったりするので、それを食べるときにチクリと罪悪感が生まれないこともないのですが、どうせ食べるなら「食べちゃった……⤵」というマイナスな感情よりも、「イエーイ⤴ 大好きなものを食べられた♡」というプラスなテンションで食べたほうが、気持ち的にもハッピーな気がするので、食べられることに感謝しつつ、ウキウキでいただくようにしています。

バウムクーヘンは老舗のユーハイムのものがいちばん好き。

ただ、そのときに気をつけていることがひとつあります。

それは「欲張らない」こと。大好きなものはいくらでもお腹に入ってしまうので、つい「もう1個」とか、「大盛り」の誘惑に負けそうになります。しかし、そこは心を強く持って、腹八分目を守ることを心がけています。

実際「あとちょっと、食べたいな〜」くらいが、一番おいしく食べられる分量だと言いますよね。お腹いっぱいになってしまうと、体は重くなるし眠くなるしで良いことはないので、食べる量は腹八分目。そして「また、これを食べるために頑張ろう！」という未来へのパワーになる気がするのです。

それでも誘惑に打ち勝てず「食べすぎたな……」と反省するときは、その次の食事の量を減らしたり、グリーンスムージーや酵素ドリンクで1食を置き換えたりと、調整するようにしています。

過去に、自分の体型コンプレックスが強くなりすぎたあまり、食事制限と運動をストイックにやりすぎて、体重は40kg台前半まで落ちてげっそりし、生理は止まり、肌もカサカサになったことがありました。当然、体調も崩しました。

そのときはどんな食べ物を見ても悲観的にしかなれず「おいしそう！どれから食べよう⁉」と思うはずであろう本来の自分はすっかり消えてしまっていて、撮影の合間にスタッフさんと食事をしていても、「どれを残したら良いだろう。みんなの前で、食べない言いわけをどうやってしよう」と思うほどになっていたのです。

そのとき、自分の中で警告灯が点《つ》き、ハッと気づきました。「今の自分は不健康だ。このままじゃ、心までどうにかなってしまうかもしれない……」と。

そのつらい経験から、「何事もほどほどが良いのかも」と学び、好きなものも量を調整しつつ「我慢せずに食べよう！」という主義になりました。好きなものだけを、むやみやたらに食べてしまうと特別感がなくなってしまうので、日々のハードルを越えた後の小さな楽しみとして、自分にプチご褒美をあげるようにしています。

お菓子には紅茶派。お気に入りはアールグレイ。

Simple method

47

特技はドライブ!?
目指せ、全国制覇～☆

「趣味は？」と聞かれたら、高校野球観戦に神社仏閣参拝に季節のお花めぐり、スノーボードにピクニックにハイキング……と、たくさんあります。

私のことを雑誌などでは知っていたけれど、会うのは初めてという方からは「家でまったり編み物やお菓子づくりをしてるイメージだったけれど、意外にもアクティブなんですね！」と結構な割合で驚かれます。

たしかに趣味はアクティブ、と自分でも思うのですが、では「得意なことは？」と聞かれたら、「う――――――ん」と困ってしまうほど、何にも取り柄がないままここまで来てしまいました（涙）。

子どものころに通っていた習い事のピアノやバレエは、人前で特技と言えるほどの腕前ではないので（せっかく習わせてもらってたのに月謝を無駄にしてごめんね。お父さん、お母さん）、いざあらためて特技を聞かれると、モデルの仕事をやっていたら誰でもできるようになる「早着替え」くらいなもので……（笑）。

でも、趣味のひとつであるドライブは、特技でもあるのかなと思うことがあります。

まず運転することが苦ではなく、単純にすごく楽しい。進むたびに見えてくる景色が新鮮な一般道も好きですし、サービスエリアやパーキングエリアでご当地名物を食べられる高速道路も好きです。

娘が生まれる前は、まだ夜も明けない3時ごろに家を出て、空いている高速道路をぐんぐん進み、各所経由した後に北は青森県、西は福井県まで夫とドライブしたこともあります。

日本には行ったことのない素敵な場所がまだまだたくさんあって、陸続きだったら車で行けるじゃない。ならば、思い立ったときに車で行っちゃおうー！　というノリで、半ば強引に夫を誘い、車中泊などしながら旅を楽しみました。

鉄道や飛行機の旅も、早いわ楽だわで魅力的なのですが、時間に縛られずゆっくり自分たちのペースで回れる車がやっぱり好き。

飛行機プラスレンタカーももちろんアリですが、欲を言えばわが家の愛車と回りたいなと思ったり。

さすがに子どもが生まれてからは長距離ドライブには挑戦していませんが、娘がもう少し大きくなったらまた全国を車で旅してみたいな、と企《たくら》んでいます。

Simple method

48

夫のいいところを見つける

結婚して早5年。金婚式を迎えた親戚の伯父伯母や両親に比べると、まだ5年ぽっちなのかと思うけれど、はるか昔から夫という人を知っていて、まるで幼いころから一緒に育ってきたような感覚に陥るほど、この5年間はとても濃厚なものでした。

お付き合いを1年ちょっと経て結婚したので、性格の部分でお互いにまだ知らないところもあり、結婚当初はそのギャップに戸惑っては言い合いになったり、ケンカになったり、そして歩み寄っては仲直りを繰り返し。

結婚2年目に妊娠し、ちょうど結婚記念日3年目を迎えたころに、待望の長女が生まれてきました。

初めての慣れない育児にオロオロしながらも、夫と協力して大切なわが子を育てる日々。育児のこともそうじゃないことも、小さな意見のぶつかり合いが増え、修復不可能なんじゃ⁉　と危機感を覚えるほどの大きなケンカをすることも、まあ、正直まだまだあります(笑)。

時には私がカメラマンになることも。

でも、言いたいことを言えずに我慢しているより、言い合ったほうが夫も私もよっぽど楽なので、小出しにしては改善すべきところを話し合い、お互いの要望や気持ちの折り合いをつけています。

よく「仲良し夫婦だよね」と友人にも言われるのですが、俗に「ケンカするほど仲が良い」という、まさにそれなのかもしれません。恋人時代と違って性格や価値観が合わないからと言って「ハイ。別れましょう」などと、簡単には終われないのが結婚です。

子どもがいればなおのことで、雨が降ろうが槍《やり》が降ろうが、どんな荒波に揉《も》まれても、乗っている船が沈没するまではどこまでも、この結婚という航路は続くのだ、と私は思うのです。……と言ってしまうと「結婚ってそんなにハードなの……⁉」と誤解を招きかねない表現ですが、でも、どんなにケンカをしても「好き」という気持ちがあれば、大変なことも乗り越えていけるのかなと。

ムカつくところもあるけれど、真面目《まじめ》で素直で純粋な夫。動物や植物が好きで、ときにうざったいほど情に熱いところもあって。自分の家族だけでなく私の家族のことも大切に想ってくれて。ガキ面なのに仕草はどこか品があって、笑顔もかわいくて、おもしろいことを言っては笑わせてくれる。

ムカつくところよりも、好きなところに目を向けてみると、あぁ、この人と結婚して良かったなと思います。

そして何より、私は彼の写真が好きなので、こればかりはもうどうしようもないなと思うのです。いわゆる「才能に惚れてる」ってやつですね。

これがすごく重要なところであり、厄介なところではありますが、もともと私が彼のことを好きで好きで仕方なくて、「今生のお願い！」とばかりに拝み倒して結婚してもらったので、今でも分が悪いなあと悔しくなったりします。

恋愛において「惚れたもん負け」という言葉がありますが、結婚してもずっとそんな状態（笑）。でも、しょうもないケンカをしたときこそ、初心に戻り相手のいいところに目を向けて、それが仲直りのきっかけになったら良いなと思うのです。

結婚式のときに友人たちに描いてもらった絵はわが家の宝物。

Simple
method
—
49

手帳に未来の楽しいことを書いて テンションアップ

お休みの日が確定した瞬間に「何しよう♡ どこへ行こう♡」とウキウキが止まらない私。

突然、降って湧いた休みに対しても、柔軟にアクティブに動けるほうですが（と主張するほどのことでもないけど。笑）、あらかじめ休みが取れるとわかったならば、それはそれは真剣に何をしようか、時間をかけて考え込んでしまいます。

泊まりや日帰り旅行、子ども向けのコンサートやイベント、友人と予定を合わせてのお出かけやホームパーティーなどなど。四季折々のイベントをどう盛り上げようかと考えたり、娘の喜ぶ顔を想像してはニンマリしたり、「この場所いいね！」と夫の写真欲をかきたてる場所を探してみたり……。

そんな楽しみな「未来の予定」を手帳に書き込むだけで、テンションアップするのだから、なんて単純なのでしょう（笑）。

もちろん自分の趣味である高校野球観戦は、地区予選大会からのス

旅行は一大イベント。その日のために仕事を頑張ってます！

ケジュールをメモして、その後の甲子園球場で開催される全国高校野球選手権大会も、しっかりスケジュール帳に書き込みます。

甲子園はさすがに遠いので子どもがいる今は観戦に行くのが難しいけれど、ただ手帳に記しておくだけでページを開くたびに、ドキドキワクワク感を味わえる気がするのです。

常にワクワクする予定を立てること。それは、仕事が忙しくて大変なときも「これを乗り越えたら楽しみが待っている！」と前向きな気持ちにさせてくれる、御守りのような存在。先の予定に思いを馳《は》せながら、ポワーンと楽しいことを考えるのは良いものです。

Simple method

50

幸せの沸点が低いからこそ いつも幸せでいられる

昔から「なんか良いことないかな〜?」「このごろツイてないな」と周りの誰かがぼやくたびに、どうしてそう思うのだろう、今一緒にいるこの時間は楽しくないのかな？　と、その言葉が不思議でした。

根本的な不満だったり、愚痴のひとつなんだろうな、というのはもちろんわかるのですが、今この瞬間におしゃべりできて、この場所まで来られる健康な体があって、さらに帰れば雨風から守ってくれる家があってと、周囲を改めて見直すと、十分幸せなのではないかなと、お節介ながら思っていました。

なんだか、こう書いてしまうと「もっと自分を磨きたい!」「今まで以上に飛躍したい!」とか、そういった向上心がない人と思われてしまうかもしれませんが（笑）。

人並みにできないことを悔しがることもありますし、もっとその先へと思う気持ちも、もちろんあります。愚痴を言いたくなるときもありますが、そんなときは改善策を立て、次のチャンスがめぐってきたときに活かせるようにはしています。しかしその前に、まずは

春はお花見、夏は高校野球、秋は紅葉狩り、冬は鍋。日常の中にある幸せ。

自分の足元がしっかり地についているのか、身の丈に合ったことを目指しているのか、そもそも今いるこの場所に感謝できているのかを見つめ直すようにしています。

取材やファンレターで「いつもハッピーに過ごせる秘《ひ》訣《けつ》は？」という質問をよくいただきます。

1日をざっと思い返してみるとハッピーの芽はそこかしこに膨らんでいるものです。

まず、朝時間どおりに起きられて無事に娘を送り出せたこと。友人からメールが届いたこと。タイミング良く返信できたこと。お取り

子どもの成長はあっという間。幸せだけど大変。大変だけど幸せ。

寄せしたお菓子がおいしかったこと。仕事で久しぶりやおなじみのスタッフさんに会えたこと。大好きなラーメンを熱々で食べられたこと。運転中に道を譲ったら、ハザードでお礼を返してくれたこと。娘が無事に園から帰ってきたこと。連絡帳に「昼ごはん完食」と花マルがついていたこと。買ってきた歯ブラシを夫に褒められたこと。寝る前に「ママ、だいすき」と娘がささやいてくれたこと……。

そのハッピーの芽を花として咲かせられるのは、自分の見方や気持ちひとつではないのかなと。私にとっては、ほんの些細なことが幸せの素なので「きっと幸せの沸点が低いのです」と、質問には答えるようにしています。

先日も撮影中にギラギラの直射日光に目が開けられず、「まぶしい〜!」と目をギュッとつむったら、「まぶしいと思えることは、その場所に立てるからだよ。仕事に呼んでもらえなかったら、まぶしいと感じることもないんだから、そのまぶしさすら感謝しなくちゃね」とヘアメイクさんから言われ、まったくもってそのとおりだな、としみじみ考えてしまいました。

撮影に呼んでもらえなければそれを感じることもできないので、大変なことすらありがたいと感謝する心を持ちたいなと。ほら「若いころの苦労は買ってでもせよ」ということわざもありますし……って、もう若いころはずいぶん前のことですが（笑）。

日々直面する困難すらも前向きにとらえて、おもしろおかしくできるよう、すぐそこにある幸せの芽を、小さくとも咲かせられる人生でありたいなと思います。

おわりに

Epilogue

「家事の本をつくりませんか?」というお話をいただいて、え———!!!と驚きつつ、私に書けるのかしらと不安になったのが数ヶ月前のこと。家事や片付けのプロでもない、ただちょっとだけ掃除が好きなだけの私が、家事の本を書くだなんて、不思議な世の中になったものです(笑)。

書き進めて気づいたことは、自分の家事や暮らし方は母の影響を大きく受けているなということ。一緒に暮らしたのは20年ちょっとでしかないのに(しかもその大半は手伝いもせずに、お気楽に暮らしていたのにもかかわらず)自分が育ってきた環境というのは、結婚して家庭を築いていく立場になった今も、かなりベースになっているのだなとしみじみ思いました。

私の母の家事の知恵、思考(?)を重ねて私が出した答え、そして夫が夫の母を見て習得した家事の技、それが全部合わさって今のわが家の「暮らし」が生まれたような気がします。

さて、この本を書いているときに文章を書くことの大変さや難しさに直面しては、何度心が折れそうになったことか……。

通常のモデルやデザインの仕事をしつつ、空いた時間で文章を書いていたのですが、もうこの仕事量をこなすことは自分の器量では不可能なのかもと、あきらめモードにもなりました。

そんな中プレッシャーにならないように、大きな心で見守ってくれつつ激励してくれたマネージャーさんには、スケジュールの調整をはじめメンタルな部分でも本当に支えてもらいました。

文章だけでは到底成り立たなかったこの本に、素敵な写真を提供してくれた夫にも心からの感謝を。そして、この本に関わってくださった全ての方にこの場を借りてお礼を申し上げます。

産みの苦しみはこのことか…と、大げさですがそのくらい大変だったこの本でしたが、書き上げてみたときには「書けて良かった」とホッとしつつ、今まで私が出させていただいた本の中で、もしかしたら１番の達成感があったかもしれません。

この本を手にとってくださった方が、読んだ後に少しでもすっきりしたり、毎日の暮らしが楽しくなりますようにとの祈りをこめて。

最後まで読んでくださり、ありがとうございました。
また、どこかでお会いできる日を楽しみにしています。

森 貴美子

森きみの
毎日の家事が楽しくなる
シンプル暮らし

2015年9月5日　第1刷
2015年10月27日　第3刷

著　森 貴美子
写真　掛川陽介
デザイン　山田知子（chichols）
編集　キンマサタカ（パンダ舎）
校正　櫻井健司
スタイリング　平林和男［表紙］
ヘアメイク　牧田健史［表紙］
制作協力　夏観享子／橋本亮子（IDEA）
協力　mielle
http://www.mielle.jp

発行人　井上 肇
編集　熊谷由香理
発行所　株式会社パルコ　エンタテインメント事業部
〒150-0042　東京都渋谷区宇田川町15-1
電話　03-3477-5755
http://www.parco-publishing.jp/

印刷・製本　株式会社加藤文明社

ISBN978-4-86506-143-7 C2077